消齢化社会

年齢による違いが消えていく！
生き方、社会、ビジネスの未来予測

博報堂生活総合研究所
Hakuhodo Institute of Life and Living

インターナショナル新書　129

【消齢化社会】（しょう-れい-か-しゃ-かい）

生活者の意識や好み、価値観などについて、
年齢による違いが小さくなる現象「消齢化」が進んでいる社会。

はじめに　～さよなら、デモグラ。～

価値観や嗜好の多様化が進み、生活者をまとまりで捉えることが難しくなってきました。ビジネスの現場でも、マス・マーケティングが通用する時代はもう終わったという声をよく耳にしますし、皆さんの中にも同様に感じる方がいると思います。〝大衆〟から〝分衆〟、そして〝個〟へと向かう流れは、今や社会の共通認識であり、ビジネスの多くはこれを前提に展開されているといっても過言ではないでしょう。

ところが、私たち博報堂生活総合研究所は、1992年から続けている長期時系列調査「生活定点」の分析過程で興味深い現象を発見しました。最新2022年の調査結果を20～30年前と比べると、かつて年齢によって大きかった価値観や嗜好の違いが、年々小さくなっていることがわかったのです。「経済格差」など、量的な面において社会のいたるところに〝差〟が厳然と存在する日本も、こと生活者の「意識や欲求」といった質的な面では、実は〝違い〟が小さくなりつつあるといえそうなのです。

早速、この分析結果を発表したところ、各所から大きな反響をいただきました。生活者をひとくくりにはできない時代とはいえ、商品・サービスのターゲットを年齢視点で設定するのは、いわばマーケティングの基本中の基本です。もし、この変化が本当ならば、日本企業の多くが性・年代などの〝デモグラフィック属性〟を軸に進めてきた従来のマーケティングが発想転換を迫られることになります。そこで、我々は30年分の膨大なデータを詳細に分析して背景を探るとともに、この先に起きる変化を予測してみました。

にわかには信じがたいこの結果を、あなたはどうお考えになるでしょうか。

確かに〝差〟や〝違い〟は、時に活力を生み出す源泉になります。人々の価値観が似通ってきていると聞けば、〝縮みゆく国〟と揶揄(やゆ)される日本の現状と重なって、明るい未来像は描きづらいかもしれません。でも、世界でも類を見ない〝少子高齢社会〟をフラットにみれば、〝体力も価値観もさほど変わらない大人がたくさんいる社会〟と言うこともできます。年代間の〝違い〟にフォーカスしてセグメントするだけではなく、逆に年代を超えた〝同じ〟に注目することで、新しいマーケットが見つかるかもしれません。

そんな想いも込めて、我々は間もなく平均年齢が50歳になる日本を、「消齢化社会」と名付けてみました。本書が、お読みいただいた方にとって、新しいビジネスチャンスと、何より新しい生き方に気づくきっかけになれば幸いです。

最後になりますが、インタビューで示唆に富むお話をいただいたＮＨＫ放送文化研究所、吉川徹さん、常見陽平さん、細野修平さん、中村奈都子さん、伊藤伸さん、辻愛沙子さんに深く感謝いたします。そして何より、本書は集英社インターナショナルの藤あすかさんのご尽力がなければ、成り立ちませんでした。この場を借りて厚く御礼を申し上げます。

２０２３年８月　博報堂生活総合研究所　所長　石寺修三

●博報堂 生活総合研究所とは

私たち生活総合研究所（以下、生活総研）は、博報堂のコーポレートフィロソフィーである「生活者発想」を具現化するため1981年に設立されたシンクタンクです。設立から約40年間にわたって、生活者を様々な手法、切り口で見つめてきました。「生活者発想」とは、人間を〝消費者〟としてではなく〝生活者〟として全方位的に捉え、深く洞察することで新しい価値を創造していこうという考え方です。

目次

第3章　消齢化の未来

第4章　有識者と考える「消齢化社会」

消齢化を多面的に考えてみよう

「世代論」から、消齢化の背景を深掘りする
大阪大学大学院 人間科学研究科 教授　吉川徹さん

「描きたい」と「読みたい」が循環する、マンガのプラットフォームへ
集英社「少年ジャンプ+」編集長　細野修平さん

フラットな社会で広がる、マーケティングと地方社会の可能性
日本経済新聞 編集委員　中村奈都子さん

地域社会のキーパーソンは「ニュートラルな価値観の人」へ
一般社団法人構想日本総括ディレクター（理事）、デジタル庁参与　伊藤伸さん

消齢化が進む中で、愛されるブランドをつくるには
株式会社 arca 代表、クリエイティブディレクター　辻愛沙子さん

「消齢化」で語ってみませんか

本書は、博報堂生活総合研究所が１９９２年から実施している、長期時系列調査「生活定点」に基づき執筆をしています。

本文中の図版で出典のないものは、同調査からの引用です。

第1章　消齢化の発見

思考と探索の旅へ

80代からプログラミングの勉強を始めた人。昭和のヒットソングをカラオケで歌う若者。年齢にとらわれず新しいことに挑戦したり、自分らしさを追求したりする人を目にする機会が、ここ最近やけに多い。そう感じているのはきっと、私たち生活総研だけではないと思います。

かつて、「友達親子」という言葉が生まれたとき、「親子」という年齢の離れた関係がよりカジュアルに変化し、上の世代を驚かせました。ですが、今やその言葉すら耳にする機会がなくなるほど、一般的な親子のあり方として浸透しているように思います。

1982年に私たちが発表した「生活新聞」(図表1)によると、革靴ではなくスニーカーを履くミドル世代の出現を「スニーカーミドル」と名付けていました。それほどまでに当時新鮮だったファッションの新潮流も、今となっては、まったくもって普通のことになりましたね。

また、ニュースや流行だけでなく身近な変化として、ここ数年「元気で若々しいご老人が多い気がする」「最近の若者は大人びている気がする」など、なんとなく生活者の**年齢と意識・価値観の関係性が薄れてきた**と感じられている方もいらっしゃるのではないでしょうか。

私たちはあるとき、そんなふうに肌で感じていた社会の変化が、ここ数年どころではなく**30年という長期的なスパンで実際にデータ上に表れていた**ことを発見しました。

そしてこの、生活者の意識や好み・価値観などについて、年齢による違いが小さくなる現象を**「消齢化」**と命名し、調査・研究を行っています。

この本では、なぜ私たちが「消齢化」という現象を発見するに至ったのか。消齢化の研究として、現在どんなことがわかっているのか。そして、いずれ来るかもしれない「超・消齢化社会」において、生活者をどのように捉え、どんなビジネスのアイデアを生み出していけるのか。そんなことを、主に私たちが30年間聴取し続けてきた長期時系列調査「生活定点」のデータをもとに、お話ししていきたいと思います。

生活新聞
VOL.2 NO.5　3·31　1982 博報堂社内資料
「新中年――スニーカーミドル」

図表1　1982年の「生活新聞」

図表2 「生活定点」の調査概要

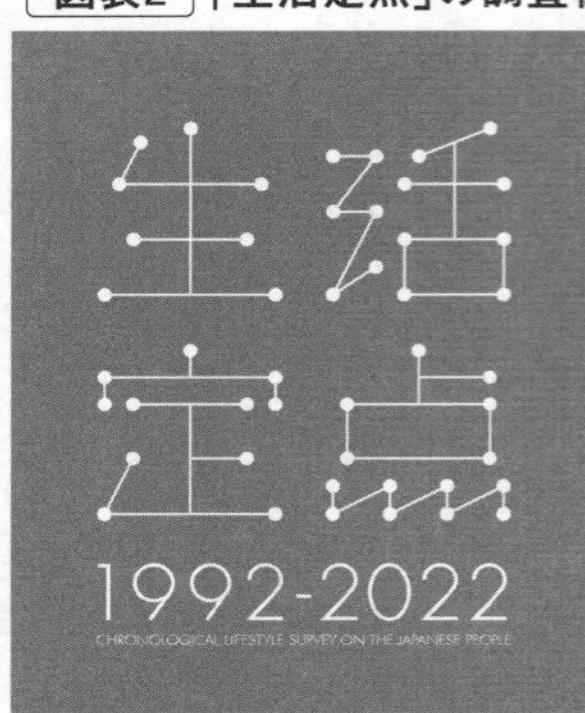

調査地域
首都圏40km圏、阪神圏30km圏

調査対象
20～69歳男女 3,084人（2022年）

調査手法
訪問留置調査

調査時期
1992年から偶数年5月～6月

「生活定点」のデータは、すべてホームページより無償でご覧いただけます。

まずは消齢化がどういった現象なのか理解を深めてもらえるよう、時間を巻き戻して、私たちが消齢化を発見するまでの思考と探索の旅を体験してもらいたいと思います。「消齢化社会では、あのビジネスはどうなるの？」「そもそも、消齢化って日本社会にとってプラスな現象なの？」そんな疑問も、どうかいまは一度お収めください。

時は、2022年の秋へ遡ります。

「生活定点」のグラフをよく見ると

はじまりは、私たちが2年に一度実施し続けている「生活定点」調査でした（図表2）。調査をはじめた1992年から30年の節目となる2022年の調査を集計し、これまでに集まった膨大な生活者データを見返していた私たちは、あることに気づきました。

「生活定点」のデータを20年、30年という長期的なスパンで見ていくと、見過ごすことができないほどたくさんのグラフに、**ある特徴的な動き**が観測されたのです。

たとえば**図表3**の、「将来に備えるよりも、現在をエンジョイするタイプである」とい

図表3　将来に備えるよりも、現在をエンジョイするタイプである

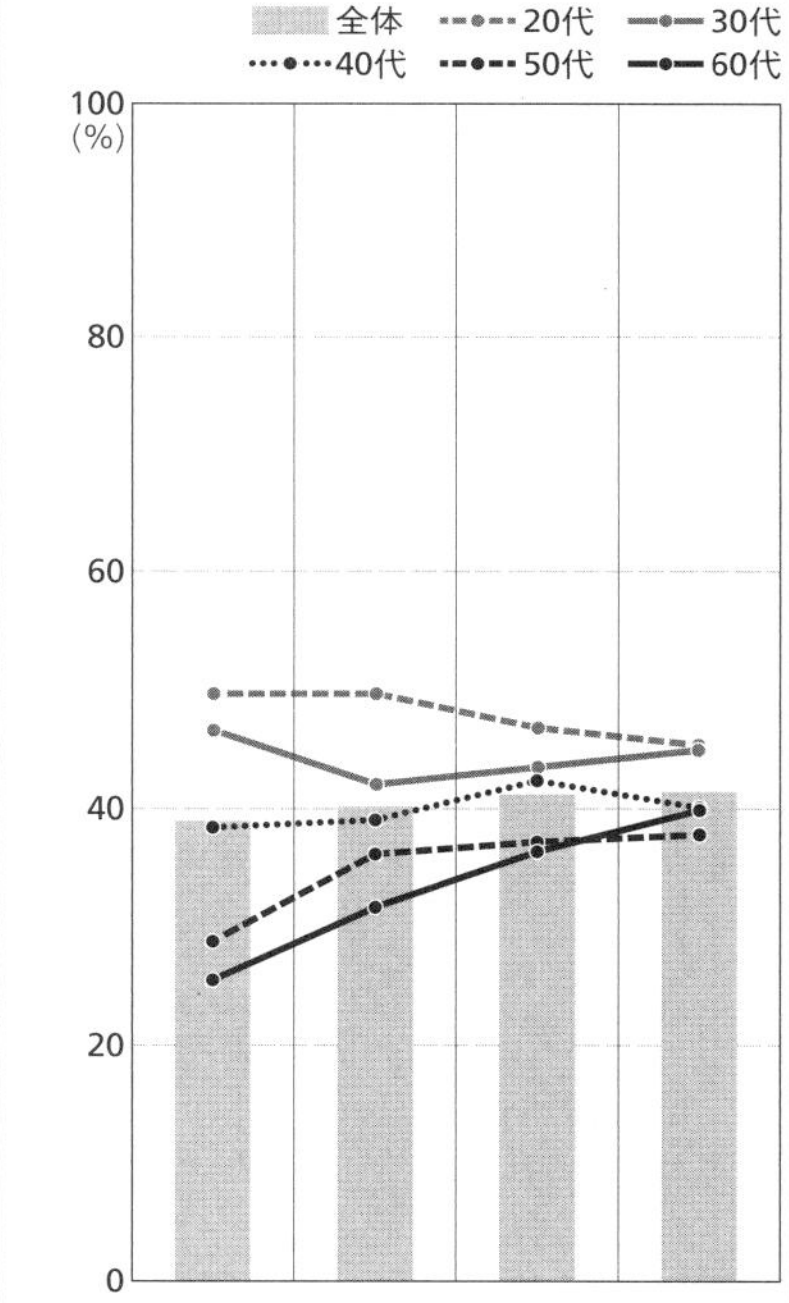

その時点の最大値　その時点の最小値

	1992年	2002年	2012年	2022年
全体	39.0	40.3	41.3	41.4
20代	49.7	49.6	46.8	45.4
30代	46.5	42.1	43.6	45.0
40代	38.4	39.1	42.3	40.1
50代	28.8	36.3	37.3	37.8
60代	25.5	31.8	36.4	39.9
最大値ー最小値pt	+24.2	+17.8	+10.4	+7.6

う生き方についての項目の回答を見てください。棒グラフは、「生活定点」調査の対象者である20〜69歳の男女全体の回答を示したグラフです。1992年時点では39・0％、最新の2022年の調査では41・4％です。その間の数値を見ても40％前後で、30年間ずっと変化していないようにみえます。

ですが、このグラフを**年齢**に注目して見てみると……。

年代別の回答をあらわす、5本の線に注目です。1992年時点では年代別の数値に幅が開いていたものが、年々近づいてきていませんか？　具体的には、若年層（特に20代）で「今をエンジョイしたい」という意識が減少する一方で、高年層ではその意識が増えていて、結果的に年代間の違いが小さくなっています。

このように、**年代の違いが徐々に小さくなっていく変化**が、いくつものデータにみられたのです。

これらのグラフが示すこと。それは、30年という時間をかけて、**生活者の年代に基づく価値観や意識の違いが徐々に小さくなっている**ということなのではないかと、私たちは考えました。

どっちが多い？

ですが、まだまだ消齢化という現象を発見するには至りません。なぜかというと、年代による違いが小さくなっているものとは反対の、**年代による違いが大きくなっている項目が見つかった**ためでした。**図表4**の、「海外の出来事に関心がある」という項目を見てく

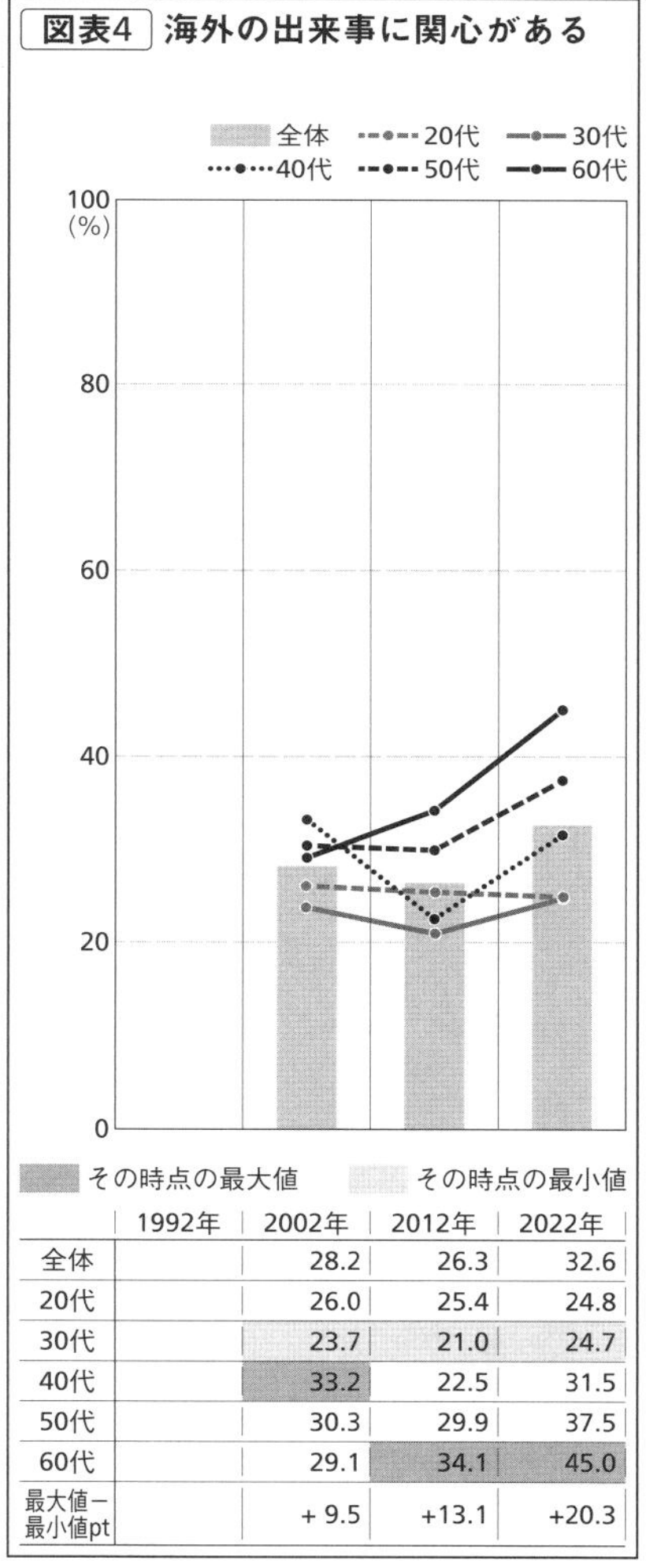

	1992年	2002年	2012年	2022年
全体		28.2	26.3	32.6
20代		26.0	25.4	24.8
30代		23.7	21.0	24.7
40代		33.2	22.5	31.5
50代		30.3	29.9	37.5
60代		29.1	34.1	45.0
最大値ー最小値pt		+ 9.5	+13.1	+20.3

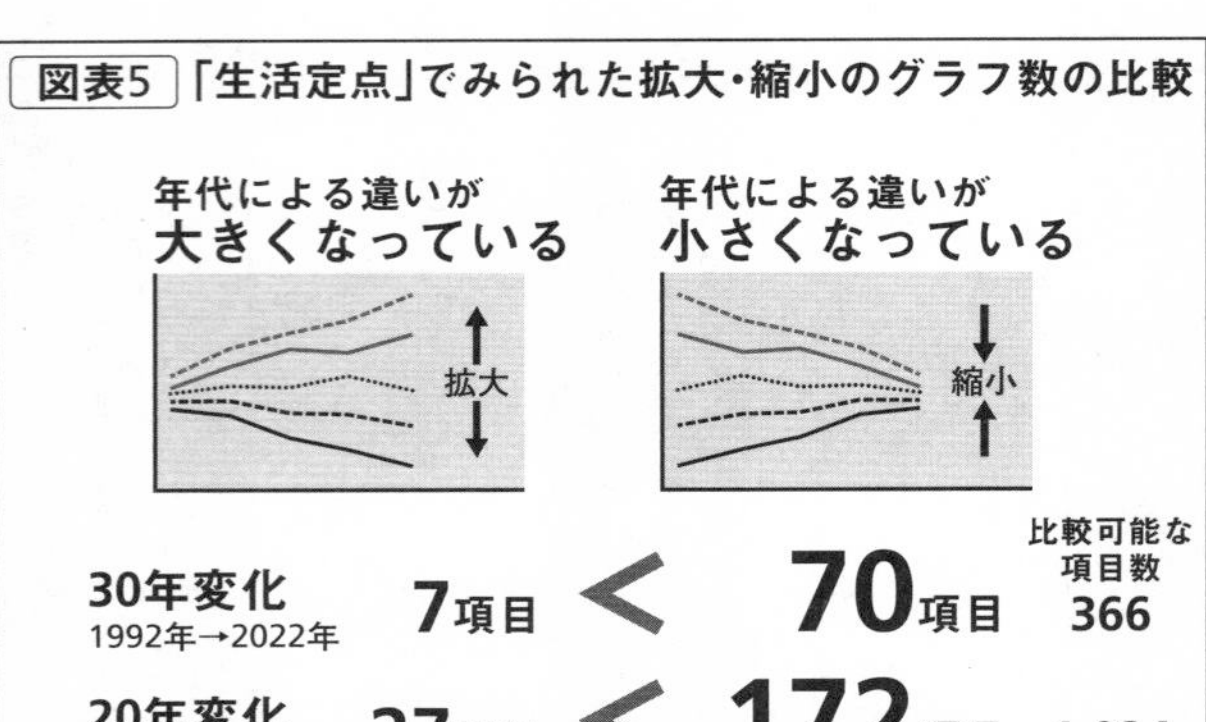

図表5 「生活定点」でみられた拡大・縮小のグラフ数の比較

ださい。２００２年時点では各年代とも20〜30%付近に集まっていた回答が、最新の２０２２年の調査では最大値は45・０%（60代）、最小値では24・７%（30代）と幅が大きく広がっていますよね。

どうやら、年代による違いが大きくなる現象と小さくなる現象、どちらもあるようです。それならば、数としてはどちらが多いのだろう？　私たちは、両者の件数を数えてみることにしました。

年代の違いの大小の判定基準は、各年代の回答の最大値と最小値の差分が、20年または30年の間に10ポイント以上拡大しているものを「違いが大きくなっている項目」、逆に10ポイント以上縮小しているものは「違いが小さくなっている項目」としています。

図表5を見てください。まず1992年から2022年の30年変化を見ると、年代による違いが大きくなっている項目は、なんと10倍の70項目でした。質問項目が追加されたため比較可能な項目数が大幅に増えた2002年から2022年の20年変化では、年代による違いが大きくなっている項目は27項目、対して年代による違いが小さくなっている項目は172項目でした。

より長期的な30年変化で見ても、より多くの項目を調査した20年変化で見ても、**圧倒的に「年代による違いが小さくなっている」項目の方が多い**ことがわかりました。

一部の分野で起きているだけ?

項目の数だけで比較すると、年代間の違いは縮小傾向にあると言えそうです。しかし、ここでまた次の疑問が浮かんできました。

「これって特定の分野で起きているだけじゃないの?」と。

件数的に多くても、特定の分野だけに固まっている、ということもありえます。

「生活定点」では、衣・食・住をはじめ消費や健康意識、仕事観、家族観など多角的な分野から質問項目を設けています。そこで次に私たちは、年代による違いが小さくなっているものがどんな生活分野の項目なのかを見ていくことにしました。

その分野をご紹介する前に……。

ひと休みも兼ねて、あなたの消齢化への感度を測る消齢化クイズを出題したいと思います。ぜひ次の問題に答えてから、続きをお読みください。

消齢化クイズ①

次の5つの項目は、「生活定点」で実際に調査している質問項目です。年齢による違いが小さくなってきているのは、どの項目でしょう?

(A) ハンバーグが好き
(B) 超能力を信じる
(C) 夫婦はどんなことがあっても離婚しない方がよいと思う

（D）木の床（フローリング）が好きだ
（E）世界にひとつしかない自分の服や小物などを作りたいと思う

答えが出たら、次へどうぞ。

答え合わせです。実は先ほどの5つの項目は、分野はバラバラですが、**すべて年齢による違いが小さくなっていた項目**でした。あなたは正解できましたか？

ではクイズに出した項目の、実際の「生活定点」のデータをご紹介していきましょう。

①**【食】**ハンバーグが好き
図表6（24ページ）を見てください。調査開始の2002年時点では、年代別の回答が最大値59・8％（20代）から、最小値19・2％（60代）までと、40・6ポイント差でかなり数値にばらつきがありますね。ですが2022年には、最大値68・9％（20代）から最

小値49・5％（60代）までと19・4ポイント差です。「ハンバーグが好き」と答えた人は、全年代で右肩上がりに増えているのですが、特に50～60代で急速に増えたことで、年代による違いが小さくなっていることが、このグラフからおわかりいただけると思います。

図表6 ハンバーグが好き

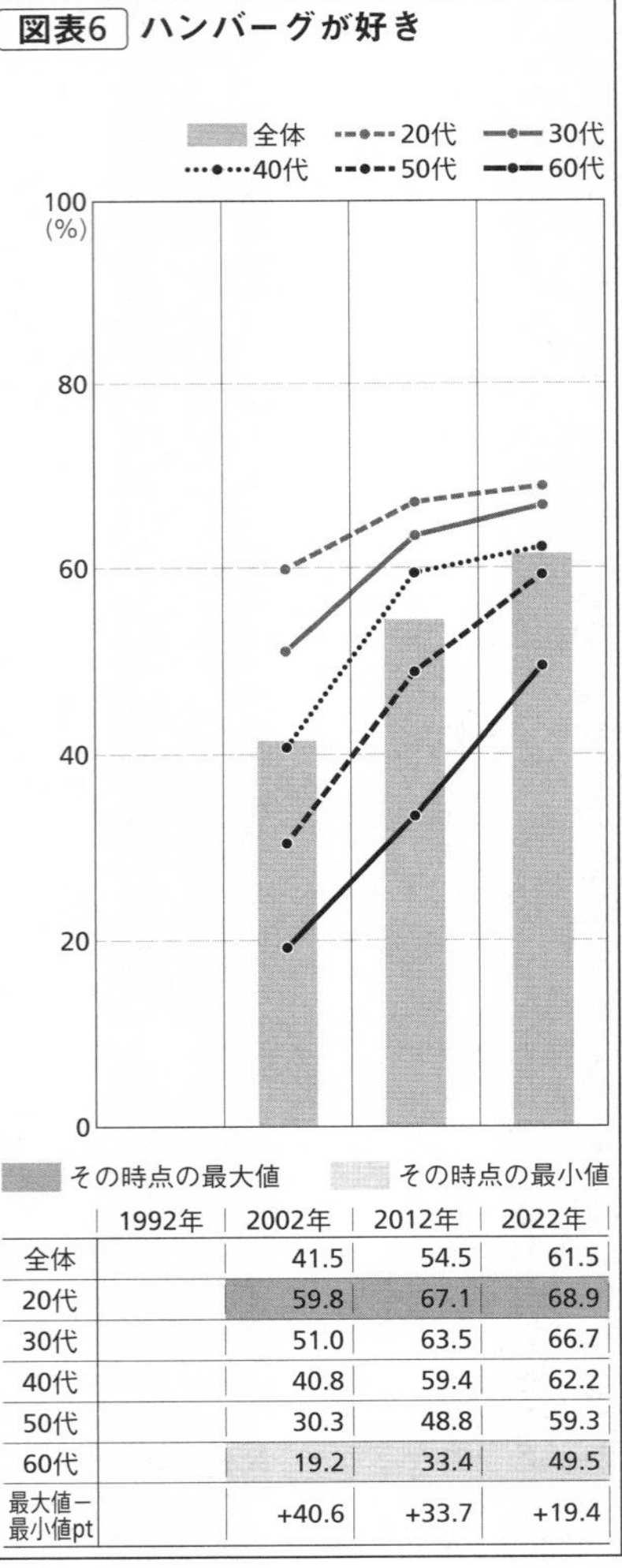

	1992年	2002年	2012年	2022年
全体		41.5	54.5	61.5
20代		59.8	67.1	68.9
30代		51.0	63.5	66.7
40代		40.8	59.4	62.2
50代		30.3	48.8	59.3
60代		19.2	33.4	49.5
最大値ー最小値pt		+40.6	+33.7	+19.4

②【信じるもの】超能力を信じる

図表7を見てください。信じるものについて、「超能力を信じる」と答えた人は、1992年時点では、年代別の回答が最大値56・0％（20代）から最小値24・3％（60代）まで31・7ポイント差と、かなり数値に開きがあります。ですが2022年には、最大値

図表7 超能力を信じる

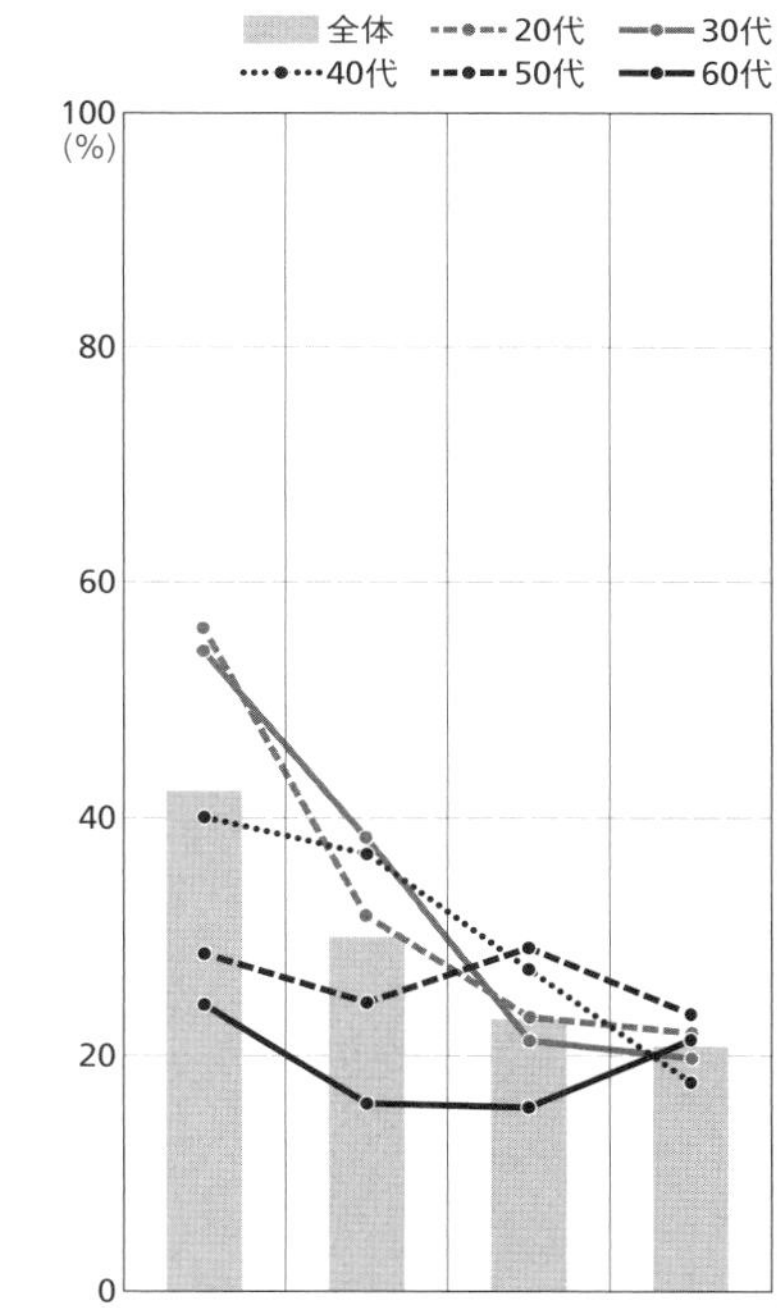

全体　20代　30代　40代　50代　60代

その時点の最大値　その時点の最小値

	1992年	2002年	2012年	2022年
全体	42.2	29.9	23.1	20.8
20代	56.0	31.8	23.2	22.0
30代	54.1	38.3	21.3	19.8
40代	40.1	37.0	27.2	17.7
50代	28.6	24.4	29.0	23.4
60代	24.3	15.9	15.6	21.3
最大値ー最小値pt	+31.7	+22.4	+13.4	+ 5.7

23・4％（50代）から最小値17・7％（40代）までと5・7ポイント差で、年代による違いが小さくなっています。

ミステリーサークルや人面魚・人面犬、ノストラダムスの大予言（1999年地球滅亡説）が話題になった1990年代が超能力ブームの最盛期だったようですが、20～30代の極端な下がり幅に比べて、60代は1992年時点で24・3％、2022年では21・3％と、回答に大きな変化はありません。

時代に左右されず、超能力を信じる人は信じるというのが、60代の特徴とも言えそうです。

③**【家族観】夫婦はどんなことがあっても離婚しない方がよいと思う**

図表8は家族観についてです。

「夫婦はどんなことがあっても離婚しない方がよいと思う」と答えた人は、調査開始時の2002年には、60代が50・2％と突出して高かったのですが、直近では年代別にみたときの最大値である60代は19・4％と大幅に減少しており、最小値である20代も11・7％となっています。

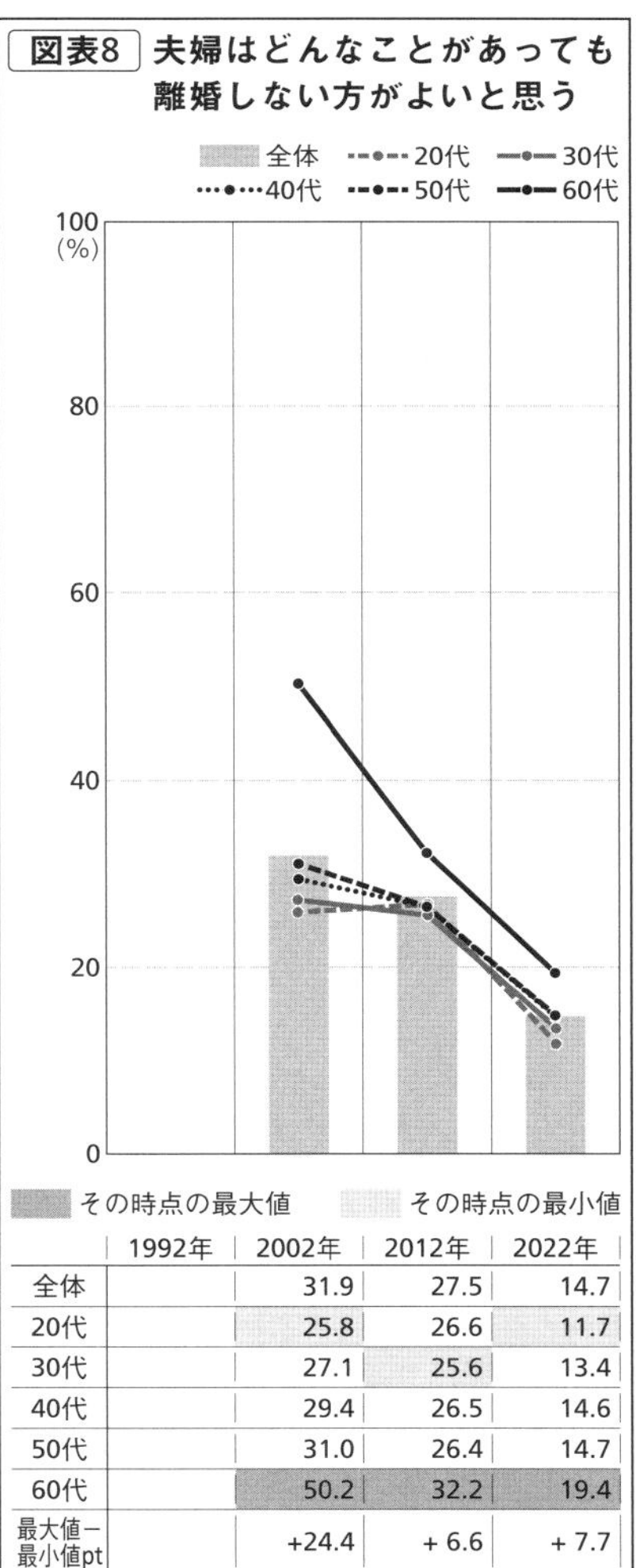

	1992年	2002年	2012年	2022年
全体		31.9	27.5	14.7
20代		25.8	26.6	11.7
30代		27.1	25.6	13.4
40代		29.4	26.5	14.6
50代		31.0	26.4	14.7
60代		50.2	32.2	19.4
最大値ー最小値pt		+24.4	+ 6.6	+ 7.7

従来の結婚規範に縛られない人が増えた結果、考え方の違いは相当小さくなっているようですね。

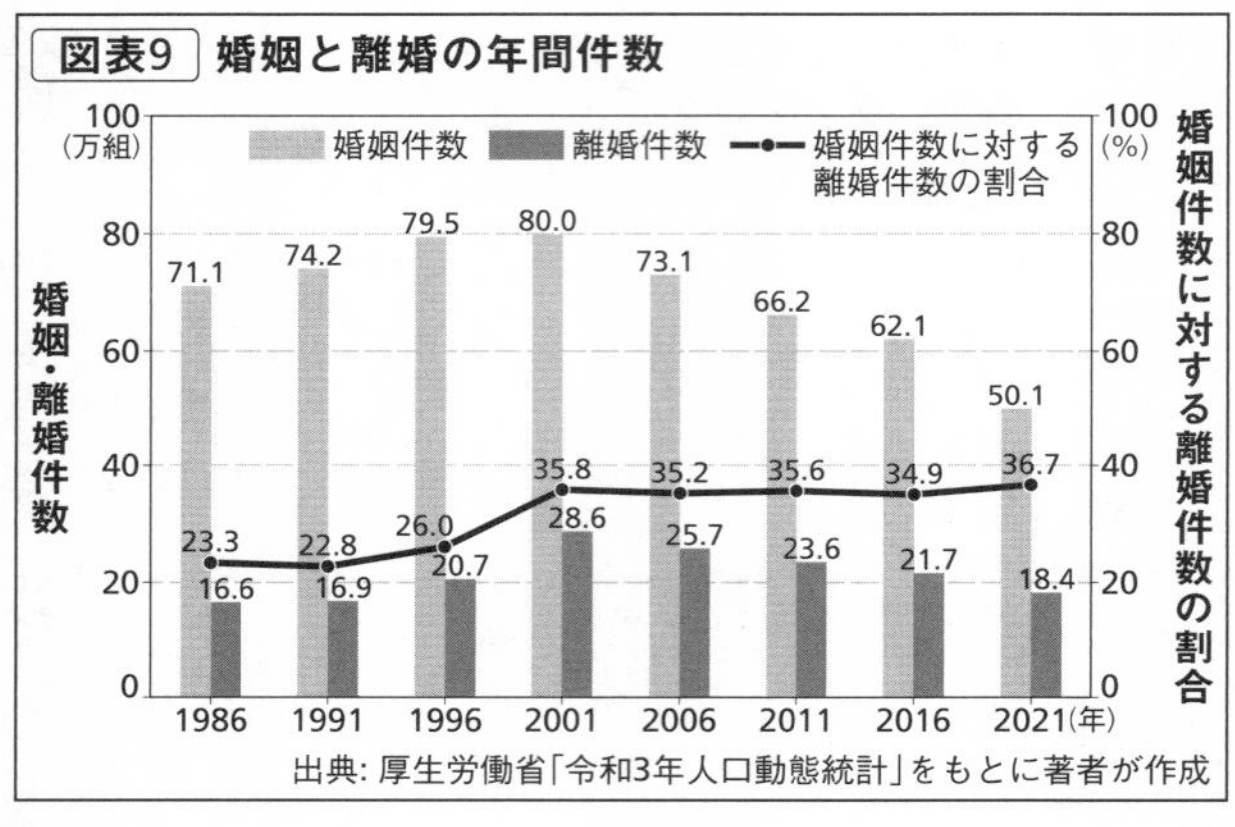

図表9は、「生活定点」のデータから少し離れて、厚生労働省の「令和3年人口動態統計」より、実際の婚姻・離婚の年間件数をもとに算出した、婚姻件数に対する離婚件数の割合の推移です。実際の離婚数から算出されたこのようなデータで見ても、1980〜1990年代は、婚姻件数に対する離婚件数の割合が20%台だったのが、2001年以降で約35%と、高止まりしていることが確認できます。

一生ひとりの人と添い遂げることが美徳だった時代からは考えられないほど、離婚への許容度は年代を問わず高まったようです。

④【住】木の床（フローリング）が好きだ

では「生活定点」のデータに戻りましょう。**図表10**は「木の床（フローリング）が好きだ」という項目です。1992年には下の年代が高めの数値、上の年代は低めの数値とばらつきがありましたが、2022年には50～60代で大幅に増加したことで、全年代が50％前後に集中し、年代による違いがほぼなくなっています。

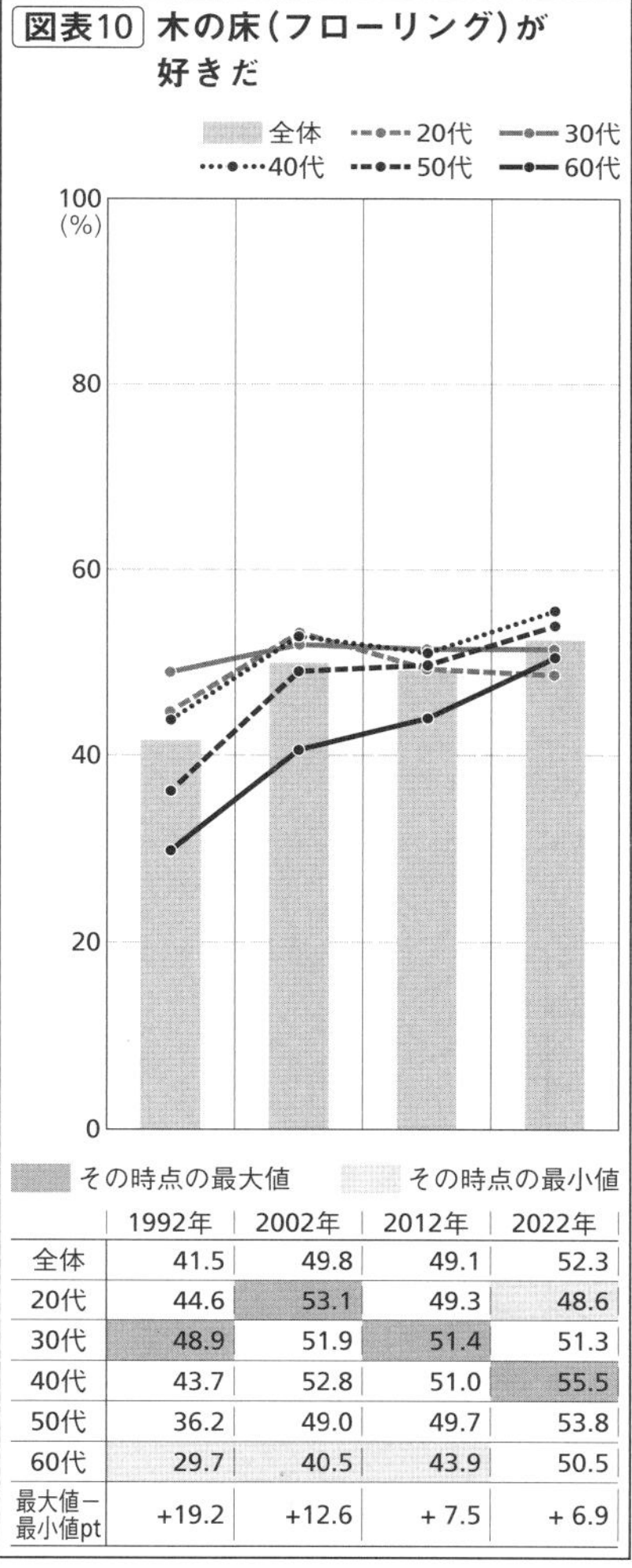

	1992年	2002年	2012年	2022年
全体	41.5	49.8	49.1	52.3
20代	44.6	53.1	49.3	48.6
30代	48.9	51.9	51.4	51.3
40代	43.7	52.8	51.0	55.5
50代	36.2	49.0	49.7	53.8
60代	29.7	40.5	43.9	50.5
最大値ー最小値pt	+19.2	+12.6	+ 7.5	+ 6.9

⑤【衣】世界にひとつしかない自分の服や小物などを作りたいと思う

図表11のこの項目は、20代が大きく下がる形で、全年代の数値が減少しながら近づいています。この項目には、自分で服や小物を手作りするほか、オーダーメイドで洋服などを作ることも含まれます。その要因は何だと思いますか？　安価で豊富なバリエーションの

図表11　世界にひとつしかない自分の服や小物などを作りたいと思う

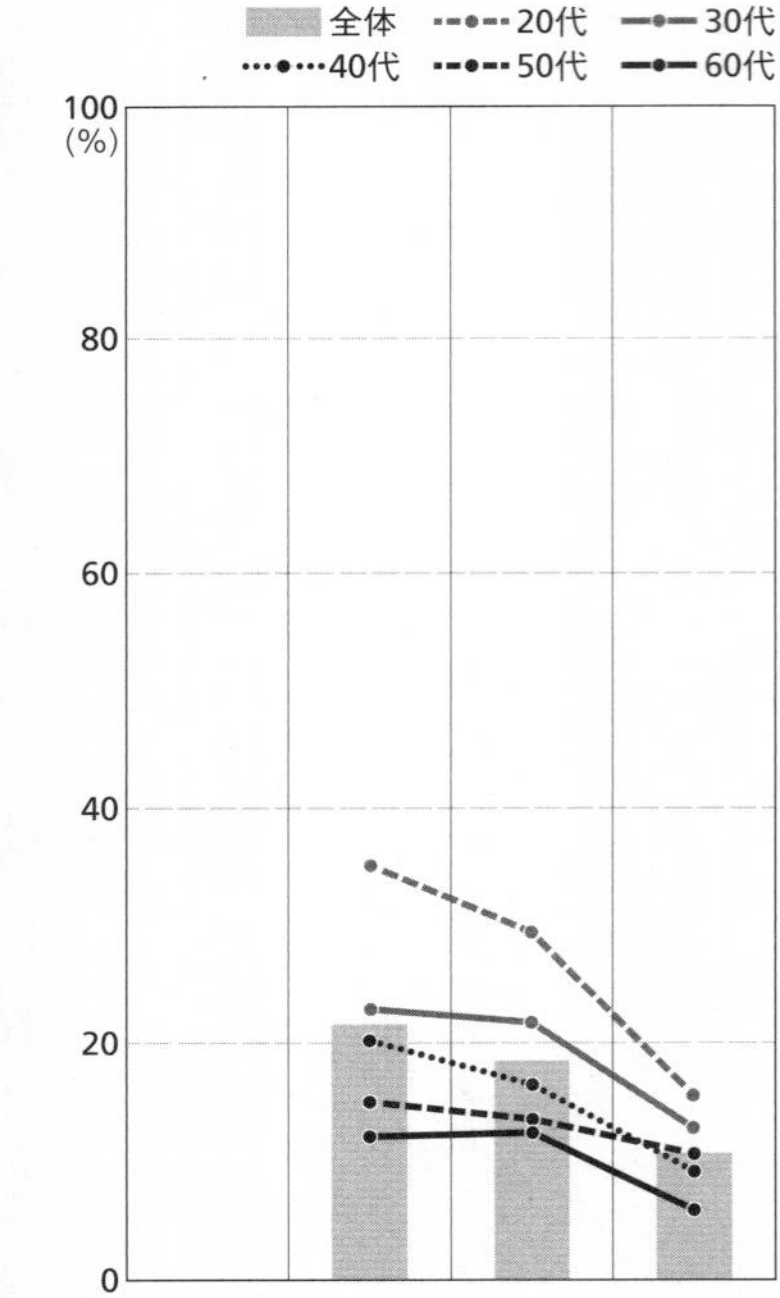

その時点の最大値　その時点の最小値

	1992年	2002年	2012年	2022年
全体		21.6	18.5	10.7
20代		35.1	29.3	15.6
30代		22.8	21.8	12.8
40代		20.1	16.5	9.1
50代		14.9	13.5	10.6
60代		12.0	12.3	5.9
最大値ー最小値pt		+23.1	+17.0	+ 9.7

ある既製品が登場したからなのか、オーダーメイドでなくてもインターネットで自分に合った商品を気軽に買えるようになったからなのか……。様々な要因がありそうです。

そのほかにも、【消費意識】の分野では「車にお金をかけたい」という項目、【働き方】の分野では「男性でも、育児休暇をとるべきだと思う」という項目、【暮らし向き】の分野では「1週間以上の長い休暇をとりたい（学生の春・夏休みなどを除く）」などなど、**実に幅広い分野で、年齢による違いが小さくなっている変化を確認**することができました。

半信半疑だった私たちも、だんだんと手応えを感じはじめました。

しかし、議論を進めるなかで、また新しい疑問を見つけてしまいます。

「これは、『生活定点』だけで見られる傾向なのではないか？」

――研究の旅は、まだまだ終わりません。

「生活定点」だけの傾向？

年代による違いが小さくなるという現象が、幅広い分野で起きている。この興味深い現象を前に立ちはだかった、新たな疑問。「**これは『生活定点』だけで見られる傾向ではな**

図表12 「日本人の意識」でみられた拡大・縮小のグラフ数の比較

	年代による違いが大きくなっている		年代による違いが小さくなっている	比較可能な項目数
40年変化 1978年→2018年	22項目	<	71項目	366
30年変化 1988年→2018年	17項目	<	53項目	399

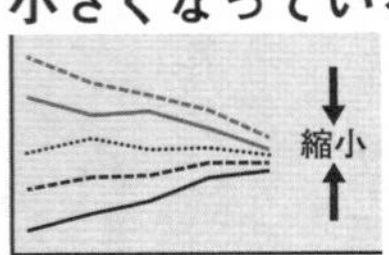

出典：NHK放送文化研究所「日本人の意識」調査をもとに著者が作成

いか？」この疑問を払拭しておかねばなりません。私たちは、「生活定点」以外の長期時系列データで、年代による違いの縮小が見られるかどうか検証することにしました。

そこで注目したのは、NHK放送文化研究所が行っている「**日本人の意識**」**調査**。「生活定点」とは異なる条件・異なる視点から、日本の生活者の意識や価値観の変化を追った、長期時系列調査です。1973年から5年おきに調査をされていて、2018年が直近の結果となります。この「日本人の意識」調査でも同様の変化が確認できるのか、データをお借りして、年代による違いが小さくなっているもの、大きくなっているもの、それぞれの件数を調べてみました。

図表12を見てください。まず１９７８年から２０１８年の40年変化を見ると、年代による違いが大きくなっている項目は22項目。対して、年代による違いが小さくなっている項目は71項目でした。１９８８年から２０１８年の30年変化を見てみると、年代による違いが大きくなっている項目は17項目、対して年代による違いが小さくなっている項目は53項目でした。「生活定点」ほど、両者に大きな差がついているわけではありませんが、「日本人の意識」調査においても、「年代による違いが小さくなっている」項目の方がずいぶんと多いということが確認できました。この現象は「生活定点」だけでなく、「日本人の意識」調査でも起こっている傾向だったのです。

ここで、ＮＨＫ放送文化研究所のデータで年代間の違いが小さくなっている項目を、いくつかご紹介していきましょう。

①**【貯蓄】**将来必要となるかもしれないから、貯金しておく

図表13（34ページ）を見ると、45年前の１９７８年では60代は53・６％、50代は54・６％と、上の年代で貯金しておく意識が顕著でした。近年では全年代40～50％付近に集まり、年代間の違いは小さくなって、年代ごとの特徴が見えにくくなっています。20～30代は増

図表13 将来必要となるかもしれないから、貯金しておく

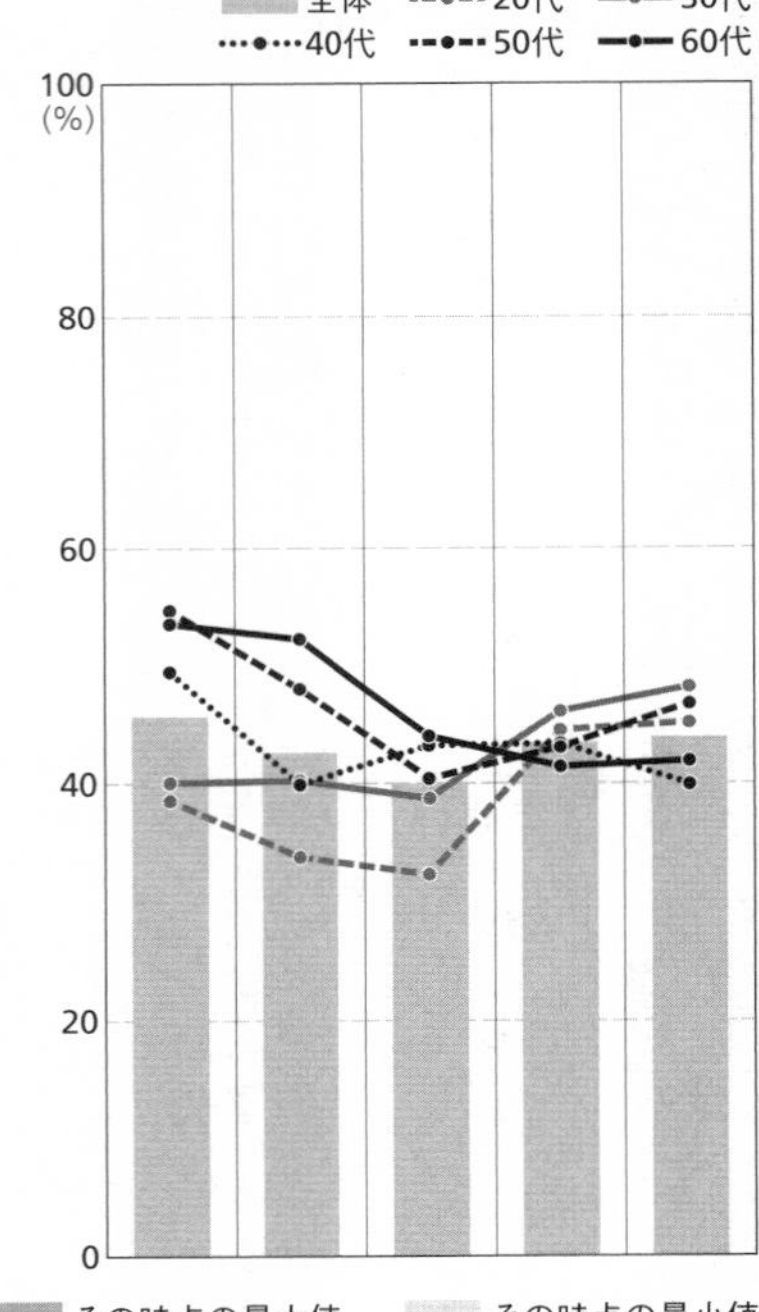

その時点の最大値　その時点の最小値

	1978年	1988年	1998年	2008年	2018年
全体	45.6	42.5	40.0	43.4	43.9
20代	38.5	33.8	32.4	44.4	45.1
30代	40.0	40.2	38.7	46.1	48.2
40代	49.4	39.8	43.1	43.3	39.8
50代	54.6	48.0	40.3	43.0	46.7
60代	53.6	52.2	43.9	41.3	41.8
最大値－最小値pt	+16.1	+18.4	+11.5	+ 4.8	+ 8.4

出典：NHK放送文化研究所「日本人の意識」調査をもとに著者が作成

加傾向にあり、60代は減少傾向にあります。

健康寿命が延びるにつれて老後の資金もシビアになることから、貯金をする60代が増えているのではと思いきや、かなり意外な調査結果です。

②【老後の望ましい生き方】子どもや孫といっしょに、なごやかに暮らす

図表14を見ると、1978年では、最小値である20代の25・6%から最大値である60代の51・9%まで約26ポイント差と大きく開いています。ですが直近のデータを見ると、最大値は20代の26・2%、最小値は50代の17・9%と、年代による違いはかなり小さくなっ

図表14 老後の望ましい生き方：子どもや孫といっしょに、なごやかに暮らす

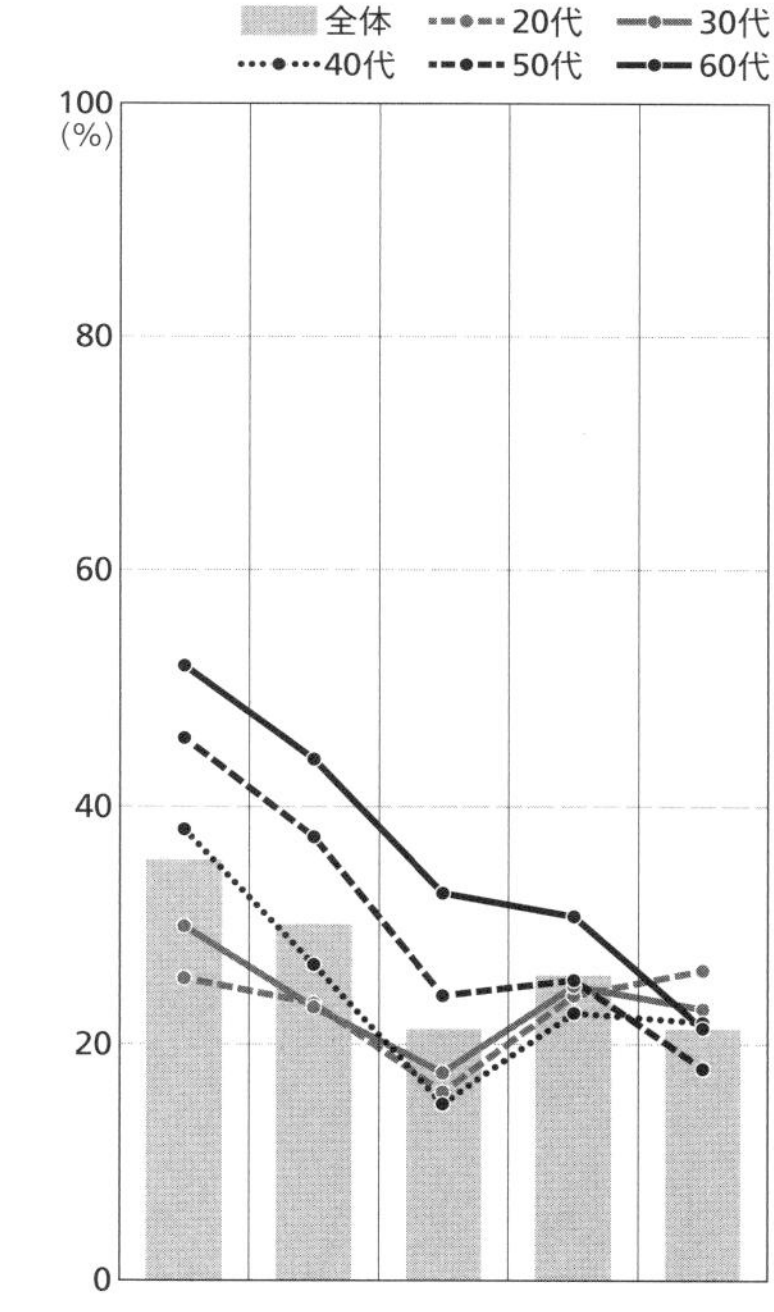

その時点の最大値　その時点の最小値

	1978年	1988年	1998年	2008年	2018年
全体	35.5	30.1	21.3	25.9	21.3
20代	25.6	23.5	15.9	24.0	26.2
30代	29.9	23.1	17.5	24.9	22.9
40代	38.0	26.7	15.0	22.6	21.8
50代	45.7	37.5	24.0	25.4	17.9
60代	51.9	43.9	32.7	30.8	21.3
最大値ー最小値pt	+26.3	+20.8	+17.7	+ 8.2	+ 8.3

出典：NHK放送文化研究所「日本人の意識」調査をもとに著者が作成

ています。しかも興味深いことに、1978年には最小値である20代から最大値である60代まできれいに年代順に並んでいたものが、2018年にはほぼ逆転しています。

③**【男女のあり方について】結婚式がすむまでは、性的まじわりをすべきでない**

図表15では、今と昔の差が非常に顕著です。50～60代は約74％、20代は24・6％で約50ポイント差。かつては年代間で非常に大きな差がありました。ですが直近の2018年を見ると、最大値16・3％（60代）から最小値2・4％（30代）まで約14ポイント差で、年代による違いは以前と比べてかなり小さくなってきているようです。

このように、私たちは、「生活定点」とNHK放送文化研究所の「日本人の意識」調査という2つの長期時系列データを通じて、年代による違いが小さくなり、年代ごとの特徴が薄らいでいく、という現象を確認することができました。

これは、無視できない大きな潮流なのではないか。

ようやくそう確信し、私たちはこの現象を「**消齢化**」と**命名**しました。

こうして私たちは、消齢化を発見しましたが、研究をここで終えることはできません。

消齢化は、なぜ日本社会で起こったのか？　その背景を探らねば、「消齢化社会」の未来を考えることはできないからです。

私たちは**消齢化の背景**を求め、さらに「生活定点」のデータを掘り下げることにしました。思考と探索の旅は、まだ始まったばかりです。

図表15　結婚式がすむまでは、性的まじわりをすべきでない

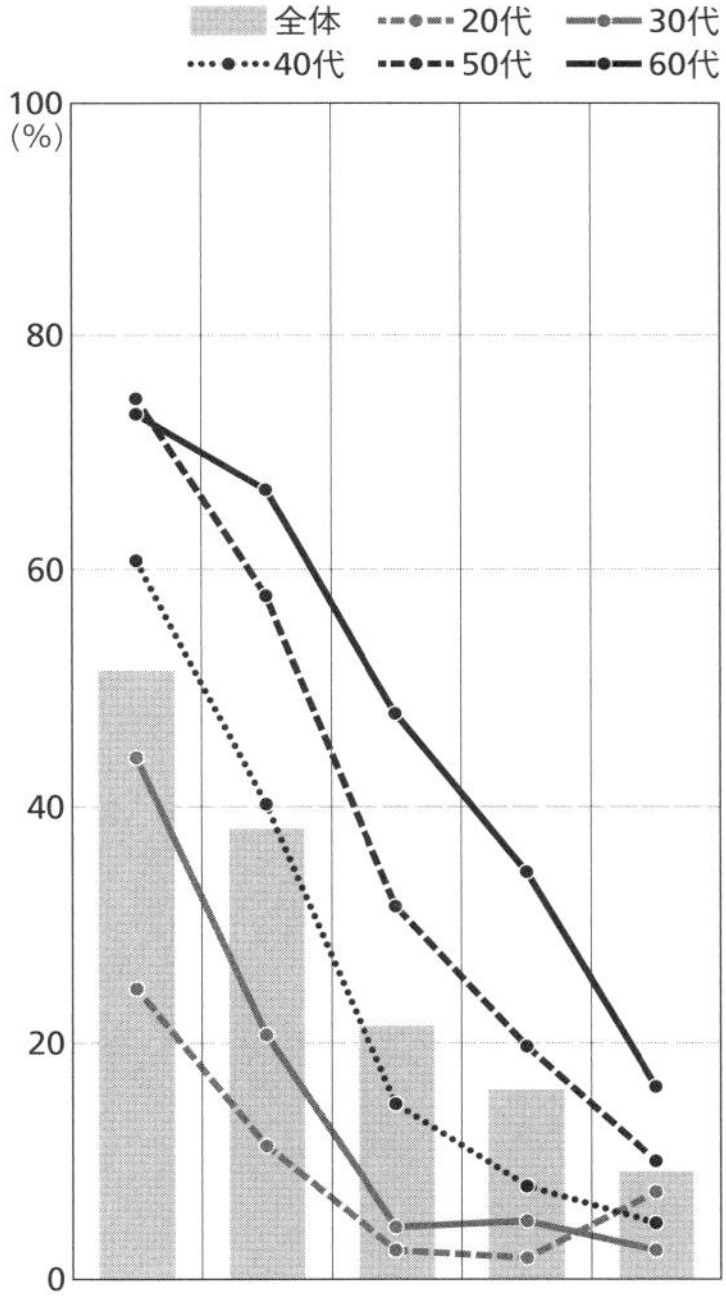

全体　20代　30代　40代　50代　60代

その時点の最大値　その時点の最小値

	1978年	1988年	1998年	2008年	2018年
全体	51.5	38.2	21.4	16.1	9.0
20代	24.6	11.2	2.4	1.8	7.3
30代	44.1	20.7	4.4	4.8	2.4
40代	60.7	40.2	14.8	7.8	4.7
50代	74.6	57.7	31.6	19.7	9.9
60代	73.2	66.8	47.8	34.5	16.3
最大値ー最小値pt	+50.0	+55.6	+45.4	+32.7	+13.9

出典：NHK放送文化研究所「日本人の意識」調査をもとに著者が作成

第2章　消齢化の背景

消齢化の背景を考えてみよう

第2章では、「なぜ、日本で消齢化が起こっているのか?」という問いを深め、消齢化の背景を突き止めていきたいと思います。

その前に、軽くウォーミングアップを。あなた自身は、消齢化が起こっていることの背景をどう考えますか?

消齢化クイズ②

次の中から、消齢化の背景にあると思うものをすべてお選びください。

(A) 元気なシニアが増えたこと
(B) 年齢を気にしない人が増えたこと
(C) インターネットが普及したこと
(D) 日本経済の低成長が長く続いていること

答えは……、すべて正解です。

実はこの4つとも、消齢化の背景にある事柄だったのです。

消齢化には「型」がある？

消齢化の背景を探るための最初の手掛かりになったのは、やはり、「生活定点」のグラフの動きでした。年齢による違いが小さくなっているグラフをすべて見直してみたところ、変化の仕方に、あるパターン（型）を見つけたのです。

例えば**図表16**（42ページ）の、「焼肉が好き」という項目をご覧ください。各年代とも右肩上がりに増加しているのですが、元々低かった60代が39・3％（2002年）から63・6％（2022年）に24・3ポイントも伸びていることを筆頭に、元々スコアの低かった50～60代で急速に増加したことで、年齢による違いが小さくなっています。

第1章の**図表6**（24ページ）でご覧いただいた「ハンバーグが好き」というグラフも、ほぼ同様の動きとなっています。このように、各年代が増加しながら近づいていくパターンがいくつも見られました。他にも、各年代が減少しながら近づいていくパターン、中央に集まるかたちで近づくパターンという、3つのパターンが見つかったのです。

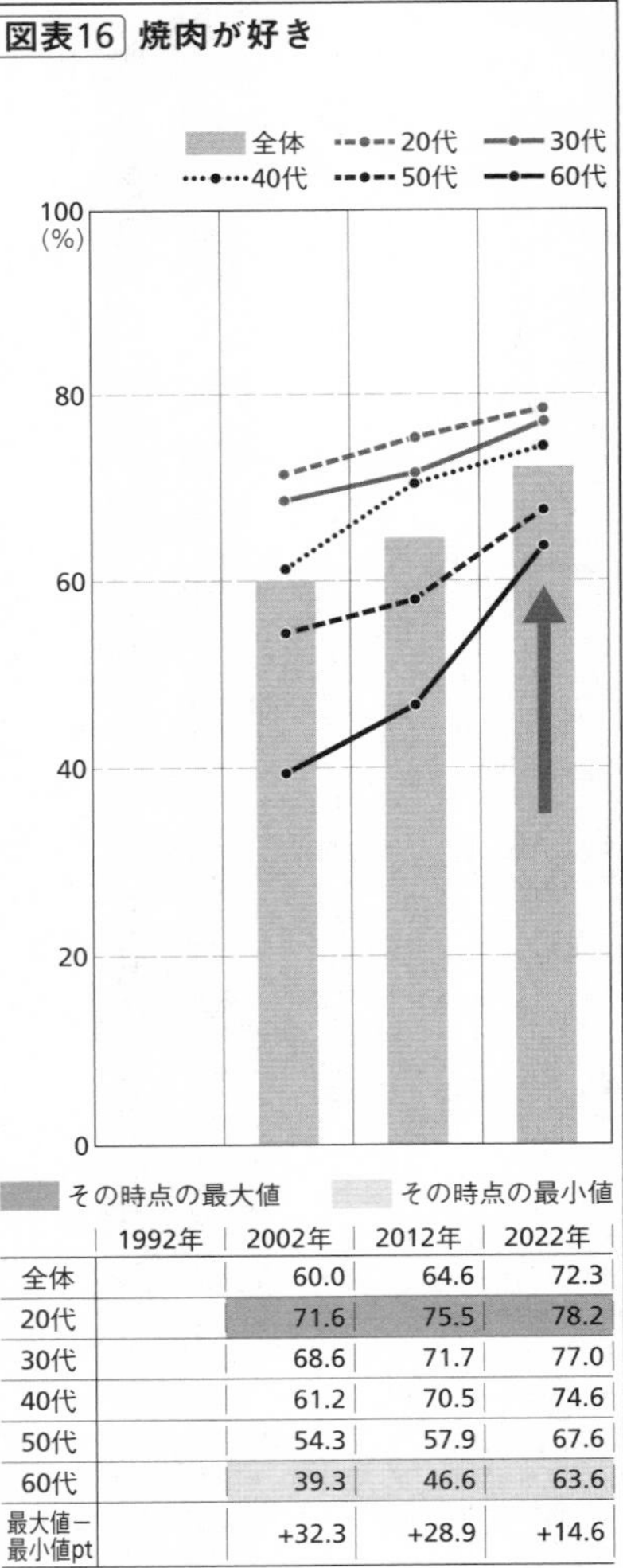

	1992年	2002年	2012年	2022年
全体		60.0	64.6	72.3
20代		71.6	75.5	78.2
30代		68.6	71.7	77.0
40代		61.2	70.5	74.6
50代		54.3	57.9	67.6
60代		39.3	46.6	63.6
最大値−最小値pt		+32.3	+28.9	+14.6

私たちはまず、各年代が増加しながら近づくパターンのグラフを**「上昇収束型」**と名付け、これに該当する項目を集めて共通点を探ることにしました。

【パターン1】上昇収束型とは？

図表17の「携帯電話やスマホは私の生活になくてはならないものだ」という情報意識の変化も、上昇収束型のパターンでした。先ほどの「焼肉が好き」というグラフよりも上昇が急で、直近では20～50代では7割、60代でも過半数を超える人たちが、スマホはなくてはならないものだと感じており、もはやスマホを使った生活は年齢を問わず当たり前にな

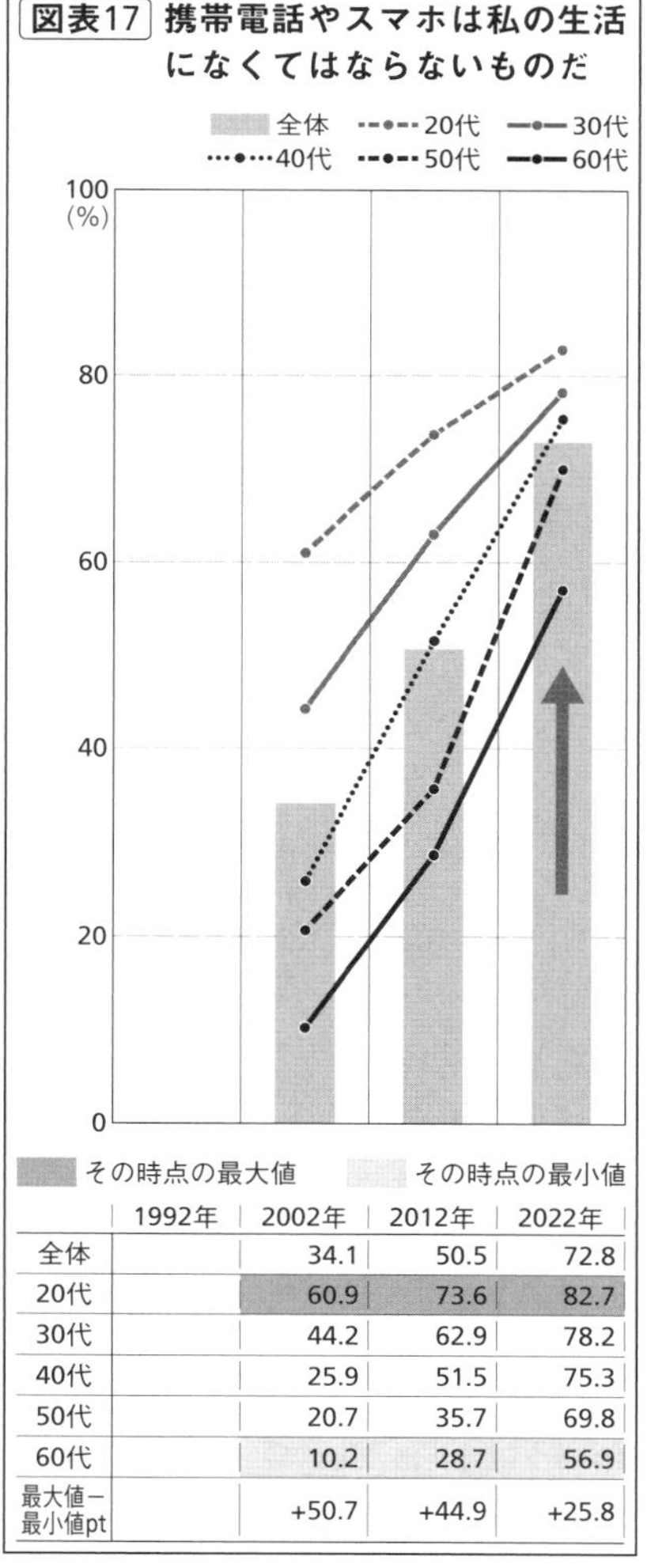

	1992年	2002年	2012年	2022年
全体		34.1	50.5	72.8
20代		60.9	73.6	82.7
30代		44.2	62.9	78.2
40代		25.9	51.5	75.3
50代		20.7	35.7	69.8
60代		10.2	28.7	56.9
最大値ー最小値pt		+50.7	+44.9	+25.8

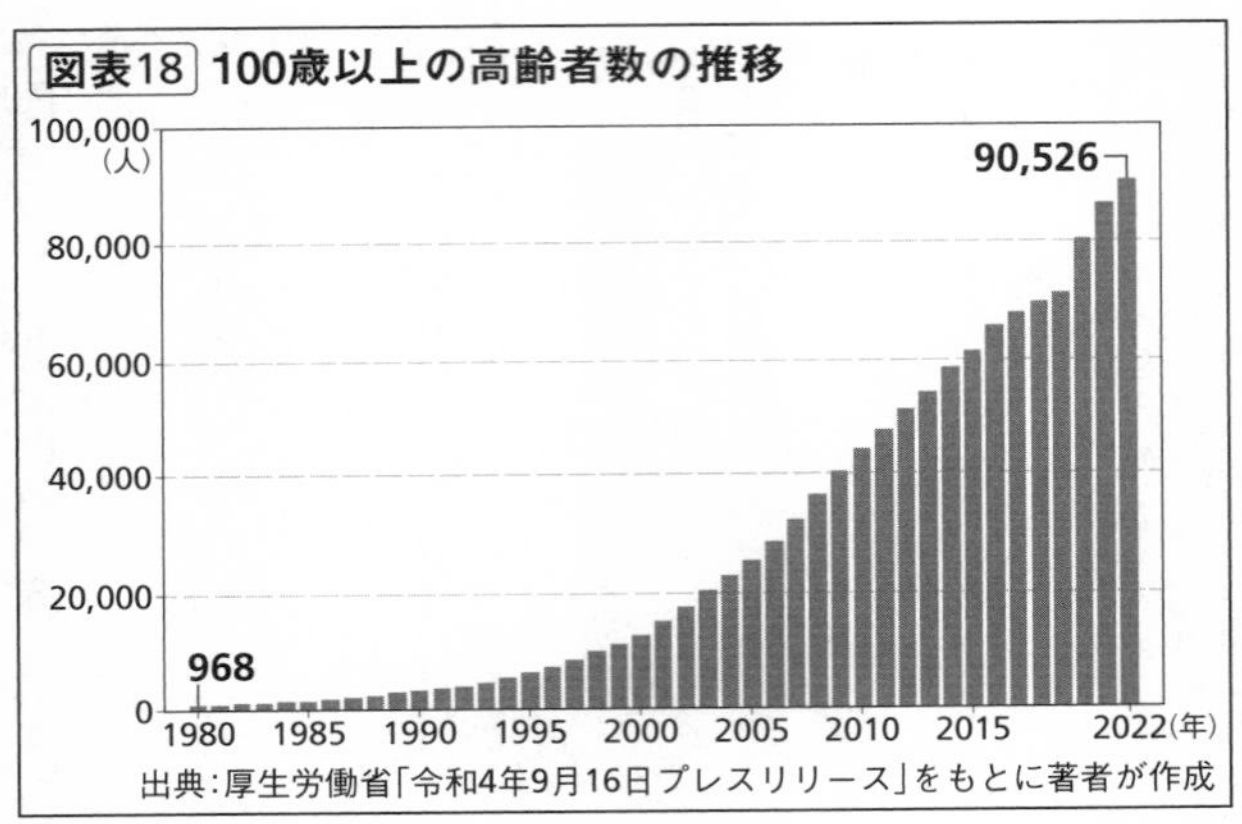

出典：厚生労働省「令和4年9月16日プレスリリース」をもとに著者が作成

ってきていることがうかがえます。

特に40〜60代は２００２年から２０２２年の20年間に50ポイント程度も増えていて、目を見張る上がりっぷりですね。

「上昇収束型」のグラフの項目を並べてみると、なんとなく共通しているものが見えてきました。どの年代も焼肉やハンバーグを好んで食べるようになったり、スマホを駆使したり……。私たちはこれらのパターンから**生活者の気力や体力、ないしは知識の面で年齢による違いが小さくなっていること**が、日本の消齢化の背景にあるのではと考えました。

生活者の気力や体力・知識の変化というと、具体的にどんなことが起きているのでしょう？　読者の皆さんもすでにご存じの通り、

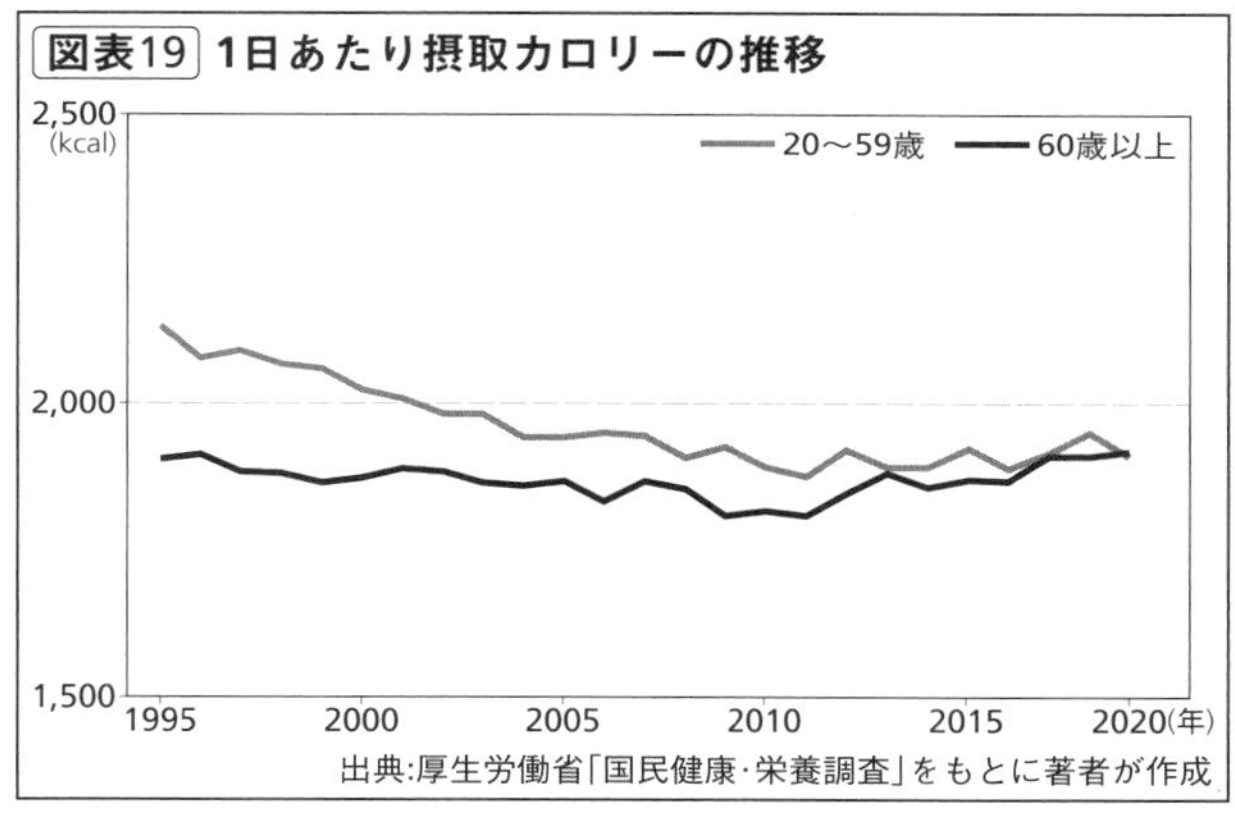

図表19　1日あたり摂取カロリーの推移

日本は高齢化、長寿化が進行し続けている国です。厚生労働省の「簡易生命表」によれば、平均寿命は1980年では男性73・35歳、女性78・76歳だったのが、2021年では男性81・47歳、女性87・57歳となっており、41年間で男性で8・12歳、女性では8・81歳も増えています。

図表18は、厚生労働省が住民基本台帳から集計したデータをもとに作成した、100歳以上の人数の推移です。1980年には、1000人弱しかいませんでしたが、2022年には9万人を超えました。**「元気なシニアが多い」と言われますが、決して印象の話ではなく、実際に着実に増えている**ことがわかります。

図表19は、厚生労働省の「国民健康・栄養調査」から、1日あたりに摂取するカロリーの推移を示したデータです。薄い色で示した20～59歳の現役世代の平均値と、濃い色の60歳以上の平均値は、1995年ごろは開きがありましたが、徐々に近づいて、最近ではほとんど違いがなくなっています。私たちの周りでも、「シニア向けの焼肉やしゃぶしゃぶの食べ放題のコースが、人気がありすぎて中止になった」なんて話が聞かれました。

最近の高齢の方は、食の面からも元気であることがうかがえるエピソードですよね。

これらの状況変化と消齢化がどう結びつくのかと議論していたとき、作家の山根一眞（やまねかずま）さんがかつて唱えた「**人生ゴムバンド**」という考え方に、一人の研究員が言及しました。

同じ年齢でも昔より〝若い〟時代に

「人生ゴムバンド」とは、たとえば寿命が70年だった時代の70歳と、寿命が100年の時代の100歳は、年齢の感覚的にだいたい同じであるという考えです。両者を同じ長さのバンドとして並べることで、昔のある年齢が、今の時代の何歳くらいにあたるのかが大体つかめる、というものです。**図表20**は、その模式図です。これに照らせば、人生100年時代の60歳は昔の40歳過ぎくらいの感覚になります。年齢上は同じ「60歳」といっても、感覚的には昔よ

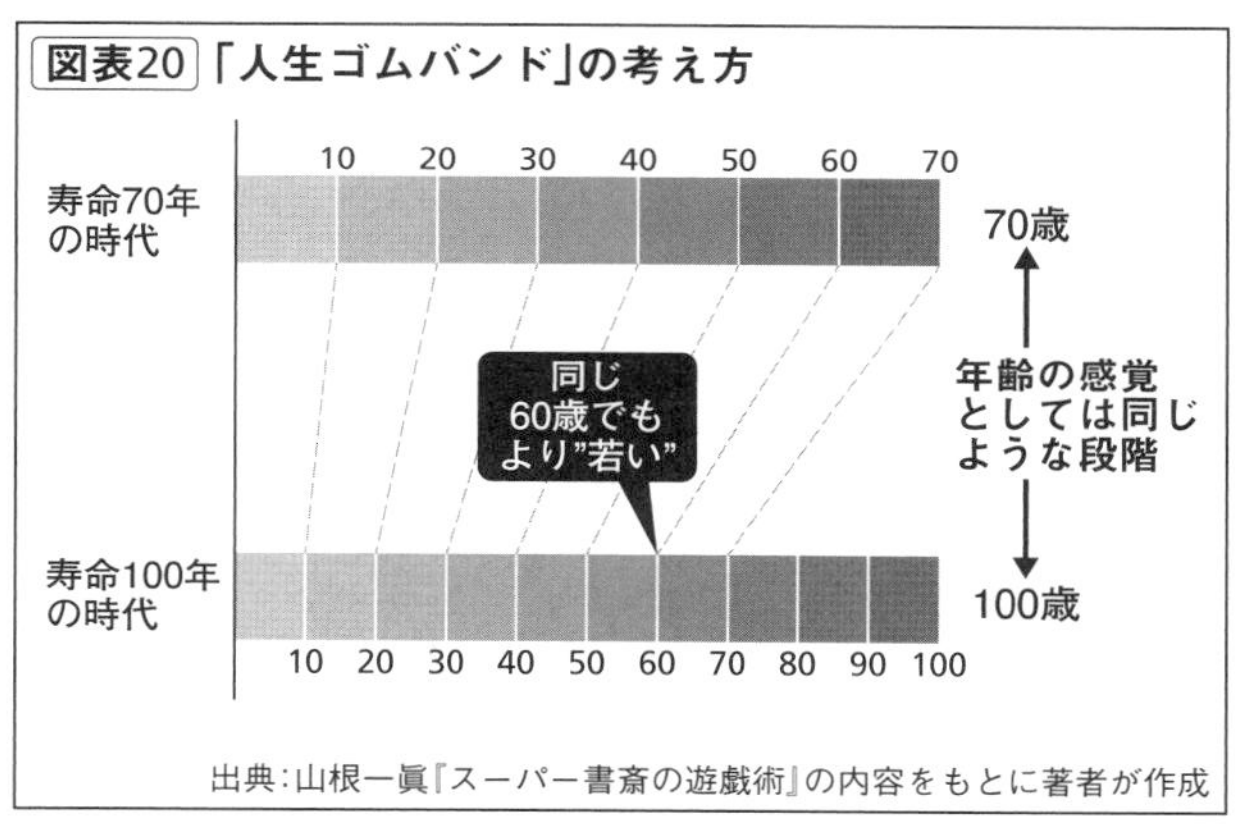

りも断然若くなりますよね。

この理論では**図表20**の通り、より高齢のほうが、感覚的な差が大きくなります。

同じ年齢の時点をくらべて、**高齢の人たちが、昔より、気持ちの面でも体力的な面でも若くなっているのではないか。**生活者の気力や体力、知識の面で、年齢による違いが小さくなる背景について、そんな視点が得られました。

生活インフラの充実が背景？

ここでもうひとつ上昇収束型のグラフをご紹介します。**図表21**（48ページ）は「調理済食品をよく使う方だ」というデータです。レトルトや冷凍食品、お総菜などが該当します。

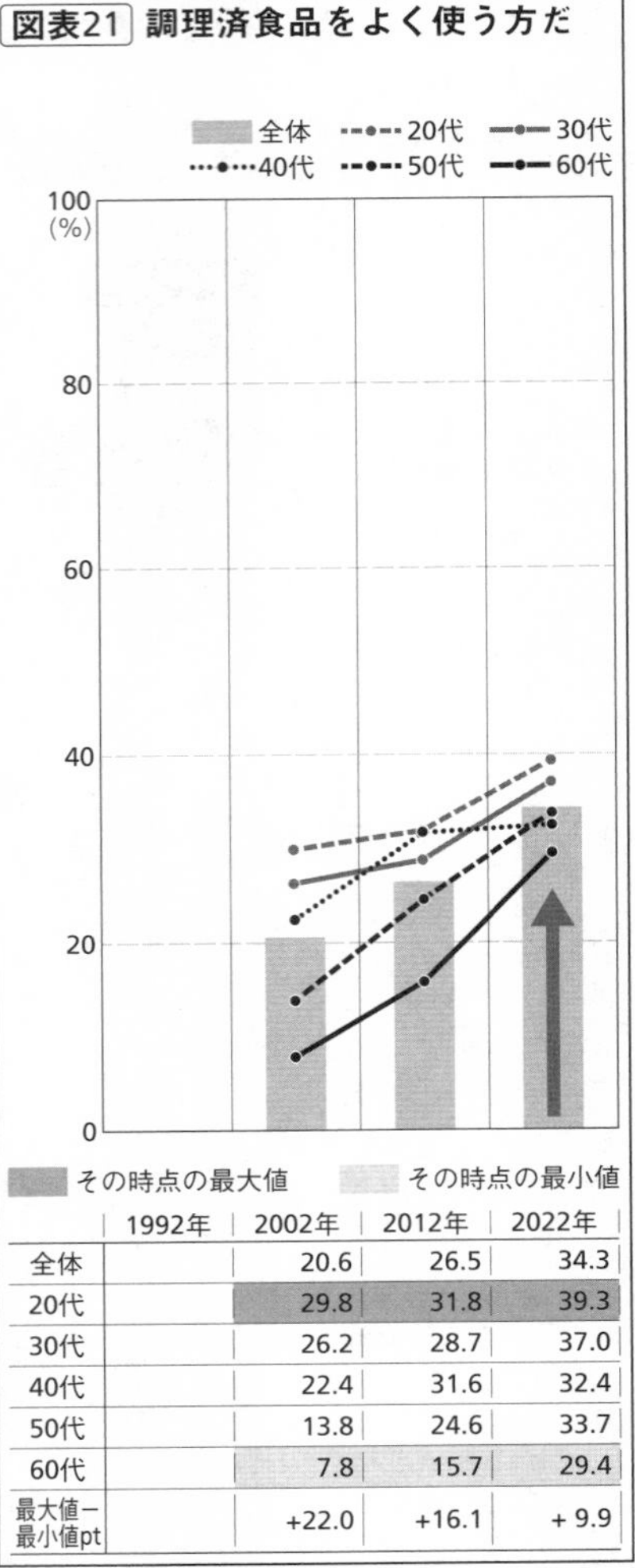

	1992年	2002年	2012年	2022年
全体		20.6	26.5	34.3
20代		29.8	31.8	39.3
30代		26.2	28.7	37.0
40代		22.4	31.6	32.4
50代		13.8	24.6	33.7
60代		7.8	15.7	29.4
最大値ー最小値pt		+22.0	+16.1	+ 9.9

以前は、上の年代であるほど、手作りへのこだわりが強かったなどの理由から、利用を避ける傾向もあったのかもしれません。ですが調理済食品の種類の増加や品質の向上もあいまってか、近年は堅調に増加し続け、年齢による違いはどんどん小さくなっています。

考えてみれば、調理済食品をはじめ、コンビニや100円ショップ、ファストフードなど、安くて便利な衣食住の**生活インフラは、昔と比べて大きく充実**しました。近年は、スマホで知りたい情報に難なくアクセスでき、ネット通販や宅配サービスなども簡単に使えます。これらの生活インフラは、若い人から高齢の人まですべての人の使いやすさを考えて作られていますので、年齢による生活の違いを小さくする効果があるといえるでしょう。

「できる」が増えた（能力の変化）

上昇収束型の消齢化のパターンには、**生活者の気力や体力、知識の面での変化**が共通していると考え、その根拠を探ってきました。長寿化が進むなかで、高齢の人たちが、気持ちでも体力的にも、相対的に若くなっていること。暮らしを便利にしたり、楽しむためのインフラが、年齢に関係なく開放されていること。それらが示すことは、高齢の人たちが実際にできることや中身の変化、能力の変化です。

私たちは、昔に比べ生活インフラの充実により**生活者の「できる」が増えた**ことが、年齢による違いが小さくなっている背景にあると、結論づけました。

2022年の冬、私たちが東京の巣鴨・新橋・原宿で実施した街頭インタビューでは、次のような生活者の生の声を聞くことができました。

・「フットサルを遊びでやっていて、上の年代だと60代も参加しています。スマホで連絡を取り合って。60代の方も普通に走っていますね」（20代男性・新橋）

・「PayPay や YouTube も iPad に入っています。YouTube で今一番見ているのはウクライナ情勢。毎日見ています」（60代男性・巣鴨）

・「YouTube が好き。はじめは慣れなかったんですけど、旅行の下調べの際に、そこに行った人の YouTube 配信を見たりしています。鉄道系の YouTuber だと、自分が旅行先に行く前から乗り換え案内もすべて見られるから、便利に使っています」（60代女性・巣鴨）

60代の方でも、フットサルというかなり運動量の多いスポーツで若い人たちと一緒に走り回ったり、動画視聴サイトや決済アプリを使いこなしたり……。20代と変わらない生活を送っています。お話をうかがった方々を見ていても、何人かが iPad を持ち歩いていたりと、生活インフラを使いこなす60代が増えていることを、肌で感じました。

さて私たちは、生活インフラの充実により〝**生活者の「できる」が増えた**〟という、消齢化の背景のひとつに迫ることができたわけですが、話はここでは終わりません。いまの背景仮説は上昇収束型のグラフから出てきたものであり、消齢化のグラフがすべて、このパターンにあてはまるわけではないからです。

次に背景を探っていきたいのは、先ほどの上昇収束型のパターンとは逆に、各年代の回答が減少しながら近づいていく、いわば「**下降収束型**」のグラフです。

【パターン2】下降収束型とは？

下降収束型のパターンについて、いくつかのグラフをご紹介していきたいと思います。

例えば、第1章でも登場した**図表8**「夫婦はどんなことがあっても離婚しない方がよいと思う」（27ページ）という家族のあり方についての意識は、このパターンに該当します。

同じ家族のあり方についての「子どもは親の老後の経済的な面倒を見る方がよいと思う」という項目（**図表22**／52ページ）も、このパターンです。下の年代だけでなく自分自身

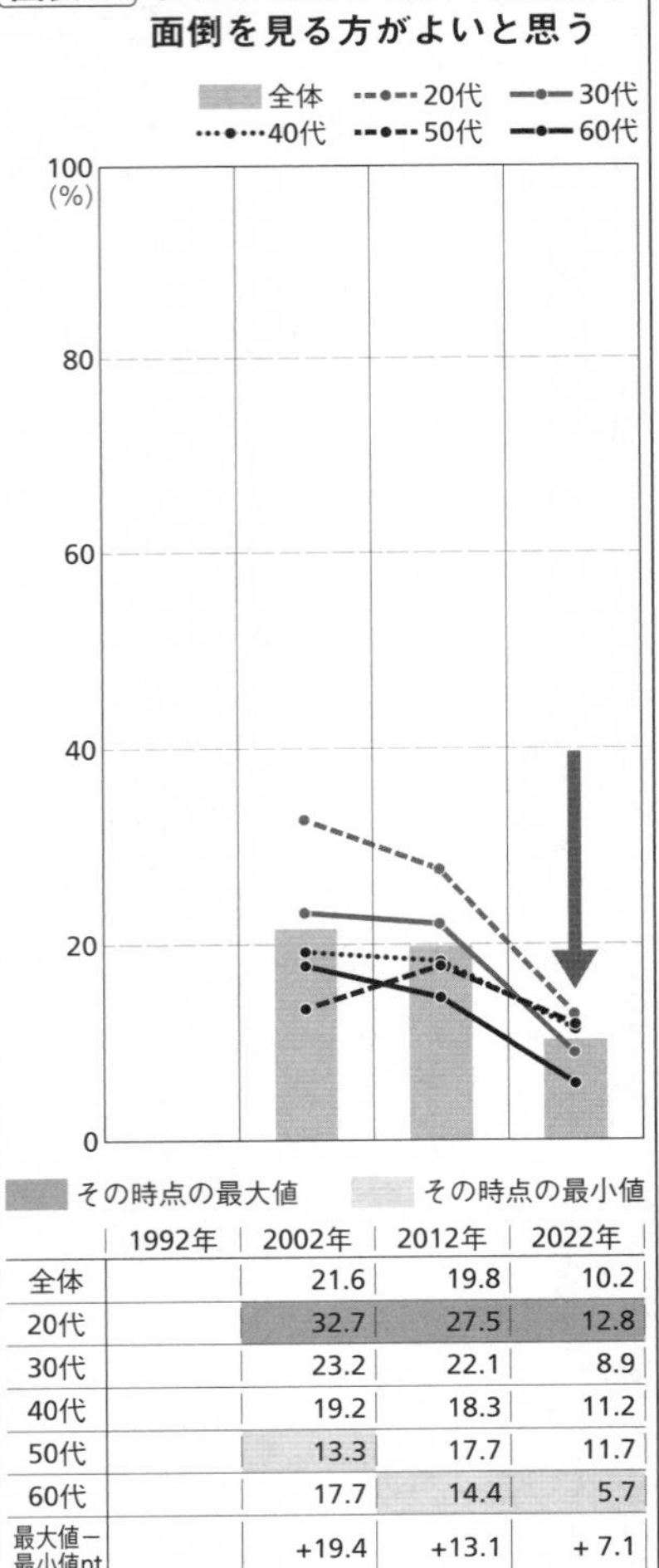

	1992年	2002年	2012年	2022年
全体		21.6	19.8	10.2
20代		32.7	27.5	12.8
30代		23.2	22.1	8.9
40代		19.2	18.3	11.2
50代		13.3	17.7	11.7
60代		17.7	14.4	5.7
最大値−最小値pt		+19.4	+13.1	+ 7.1

の老後がせまった上の年代までもぐっと減少し、全体的に下降しながら近づいています。

「自分が年をとってから、子どもに面倒を見てほしいと思わない」という上の年代も増えてきているのかもしれません。これは、自分自身が親の介護などで大変な経験をしてきている（もしくは現在、介護中である）ため、「自分の子どもには同じ思いをさせたくないので、自分が年をとっても子どもに面倒を見てほしいとは思わない」と考える方が、上の年代で増えてきていることの表れなのかもしれません。あるいは「自分も子に面倒を見てもらうより、自由に暮らしていたい」という人も、増えているのかもしれません。

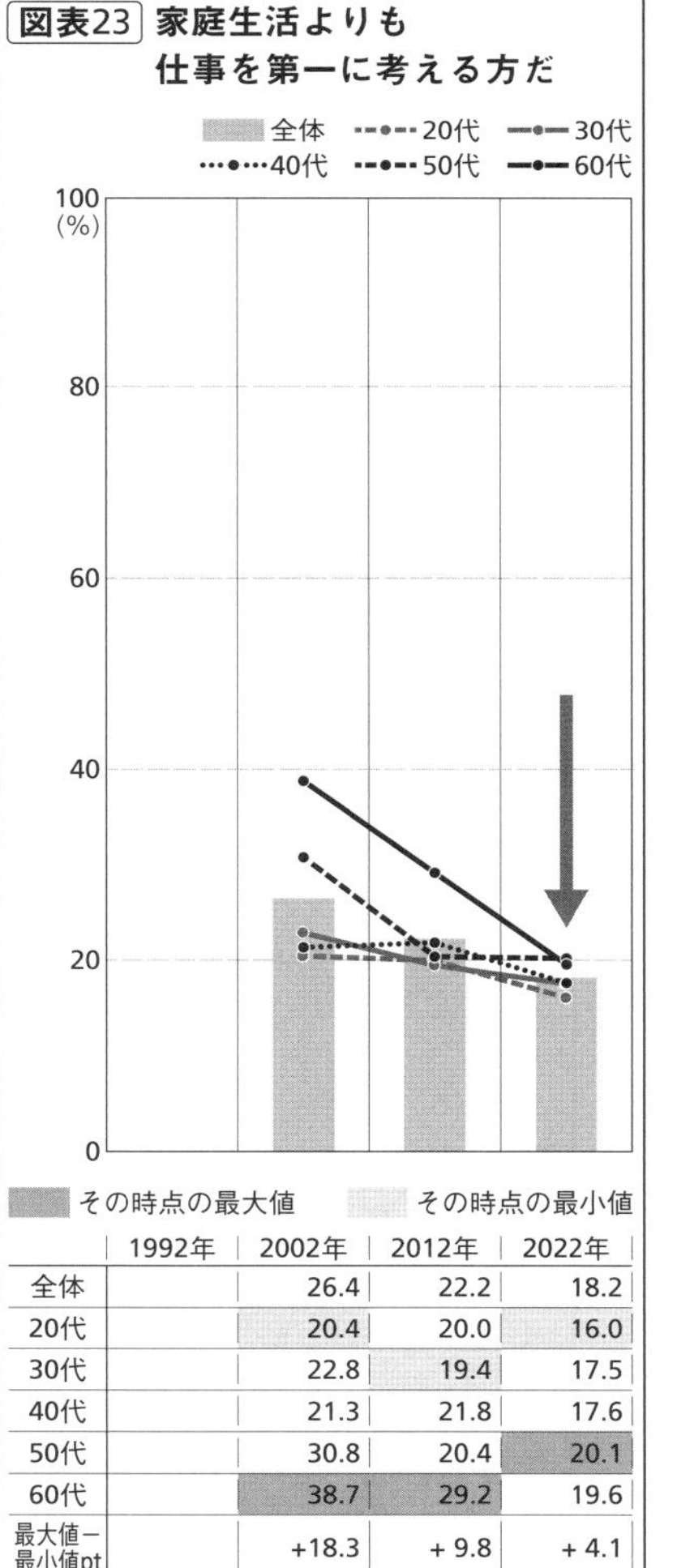

図表23　家庭生活よりも仕事を第一に考える方だ

	1992年	2002年	2012年	2022年
全体		26.4	22.2	18.2
20代		20.4	20.0	16.0
30代		22.8	19.4	17.5
40代		21.3	21.8	17.6
50代		30.8	20.4	20.1
60代		38.7	29.2	19.6
最大値ー最小値pt		+18.3	+ 9.8	+ 4.1

仕事への意識を問う「家庭生活よりも仕事を第一に考える方だ」という項目（図表23）

図表24 習慣やしきたりに従うのは当然だと思う

全体　20代　30代　40代　50代　60代

100 (%)　80　60　40　20　0

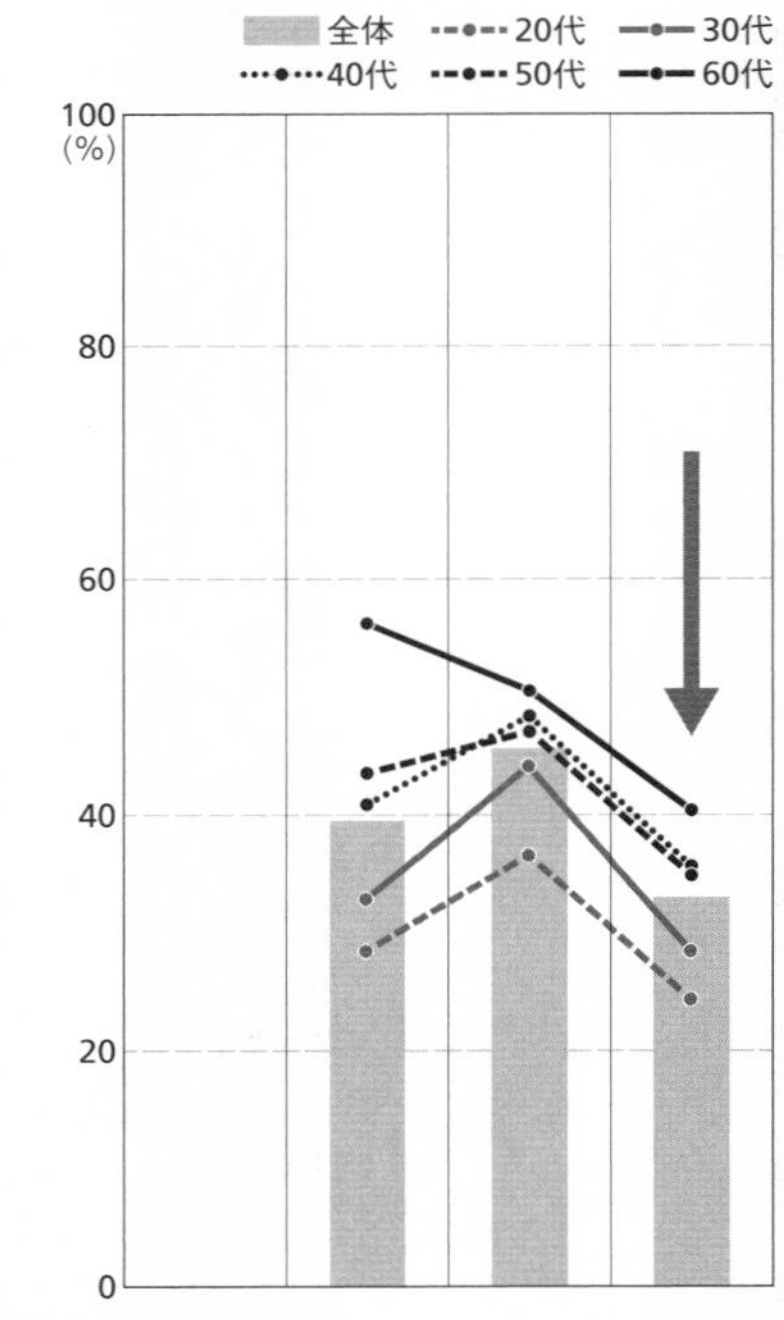

その時点の最大値　その時点の最小値

	1992年	2002年	2012年	2022年
全体		39.4	45.5	32.9
20代		28.4	36.5	24.4
30代		32.8	44.1	28.4
40代		40.8	48.2	35.7
50代		43.4	46.8	34.8
60代		56.2	50.3	40.3
最大値ー最小値pt		+27.8	+13.8	+15.9

では、２００２年、２０１２年では最大値であった60代の数値が顕著に減少していき、２０２２年の結果を見ると19・６％にまで減少しています。全年代の平均値である18・２％と、かなり近い数値ですね。

「習慣やしきたりに従うのは当然だと思う」という習慣や伝統への考え方に関する項目

（図表24）を見てみると、こちらは、２０１２年にはいったん上がっている年代もありますが、２００２年から見るとやはり全年代で下がってきており、伝統的な価値観に縛られなくなってきている生活者の姿がうかがえます。

また、その他にも「1年以内に、しょうぶ湯に入った」「1年以内に、年末の大そうじをした」「お中元は毎年欠かさず贈っている」という年中行事についての項目も同じように全年代で減少しながら近づいており、昔からの風習やしきたりを重視しなくなってきているようです。

これらの「下降収束型」のグラフの項目を眺めながら、私たちはまた、共通している要素を探しました。

全年代で、家族のあり方や仕事へのスタンスが柔軟になったり、しきたりを重視しなくなったりしてきている。これは、いわば**生活者の常識や慣習、価値観の面で、皆が伝統的な考え方から離れる形で、違いが小さくなってきているのかもしれない**、と私たちは考えました。50ページで紹介した街頭インタビューでも、このことに関連する声を聞くことができましたので、その一部をご紹介しましょう。

・「若い人たちの間では、お皿洗いは私の仕事で、掃除は僕の仕事、などと家事を分担するのが当たり前になっている。それを妻と話したら、『そんなのもう当たり前だよ』と言っていました。逆に僕らの年代でも、亭主関白で一切台所には入らない、掃除はしないという人はちょっと減ってきたように思います」（50代男性・新橋）

・「自分たちが20代30代の頃に、親が私たちぐらいの年齢だったわけじゃないですか。その時には、『今の若い子たちは……』というようなことを言われました。でも、今自分が親になって子どもたちを見て、『今の若い子は……』という感じには思いません。自分たちの親は昭和のはじめ、戦前に生まれた人たちでしたから。だけど私たちは戦後生まれだからですね。今の若い人たちと年齢は違っても価値観が大きく違わない原因として、それはあると思いますね」（60代女性・巣鴨）

・「（夫婦は離婚すべきではない、という固定観念に関して）一度しかない人生だから、離婚したければすればいいんじゃない？　縛られることないじゃない、と思うけど」（60代女性・巣鴨）

インタビューからは、上の年代の方々も、今までの常識や固定観念に囚われすぎることなく、新しい価値観を受け入れながら、変化に柔軟に対応していることがうかがえました。

戦前世代の退出による価値観の同質化

街頭インタビューでも触れられていた、戦前・戦後という大きな時代の節目から、価値観の変化を考えてみましょう。

私たちが最初の「生活定点」調査を行ったのは、30年ほど前の1992年。当時、親子・夫婦のあり方や仕事への向きあい方など、生活の基本となる考え方には、「こうすべき」「こうあるべき」という保守的・伝統的な価値観がまだまだ根強く、個人の自由な生き方が許容されにくい時代でした。その価値観を比較的強く有しているのが、当時の50～60代。1923～1942年の間に生まれており、戦前の社会環境に身を置き、戦争という出来事を経験した世代です。

これに対して、個人の自由を重視する考え方を持っていたのは当時の20～30代。1953～1972年の間に生まれた、戦争を知らない世代にあたります。戦前からの伝統的価

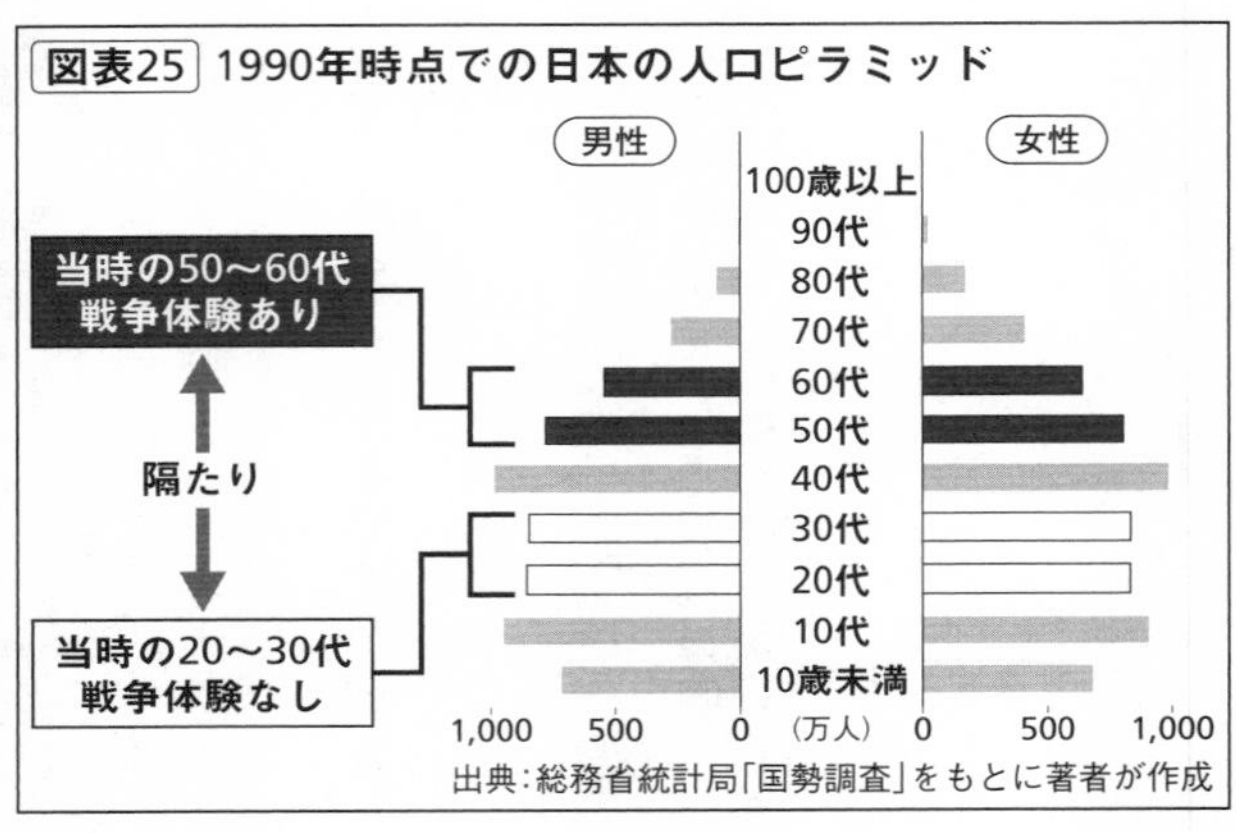

値観が支配的な状況下で、戦後生まれの若者たちが自由を求め反発する、親子同士でも考え方に隔たりがある――、そんな社会の構図がありました。

図表25は、1990年時点での日本の人口ピラミッドです。濃いグレーで示した50〜60代は、戦前生まれの人たちです。一方、白色で示した20〜30代は、戦後生まれの人たちです。このように30年前は、戦前の価値観を持つ世代と戦後の価値観で育った異なる世代が、社会の中で同居している状態でした。

しかし時間の経過とともに、世代交代が進みます。**図表25**から30年後、2020年の人口ピラミッドが**図表26**です。1990年に50〜60代だった戦前生まれの人たちは、80〜

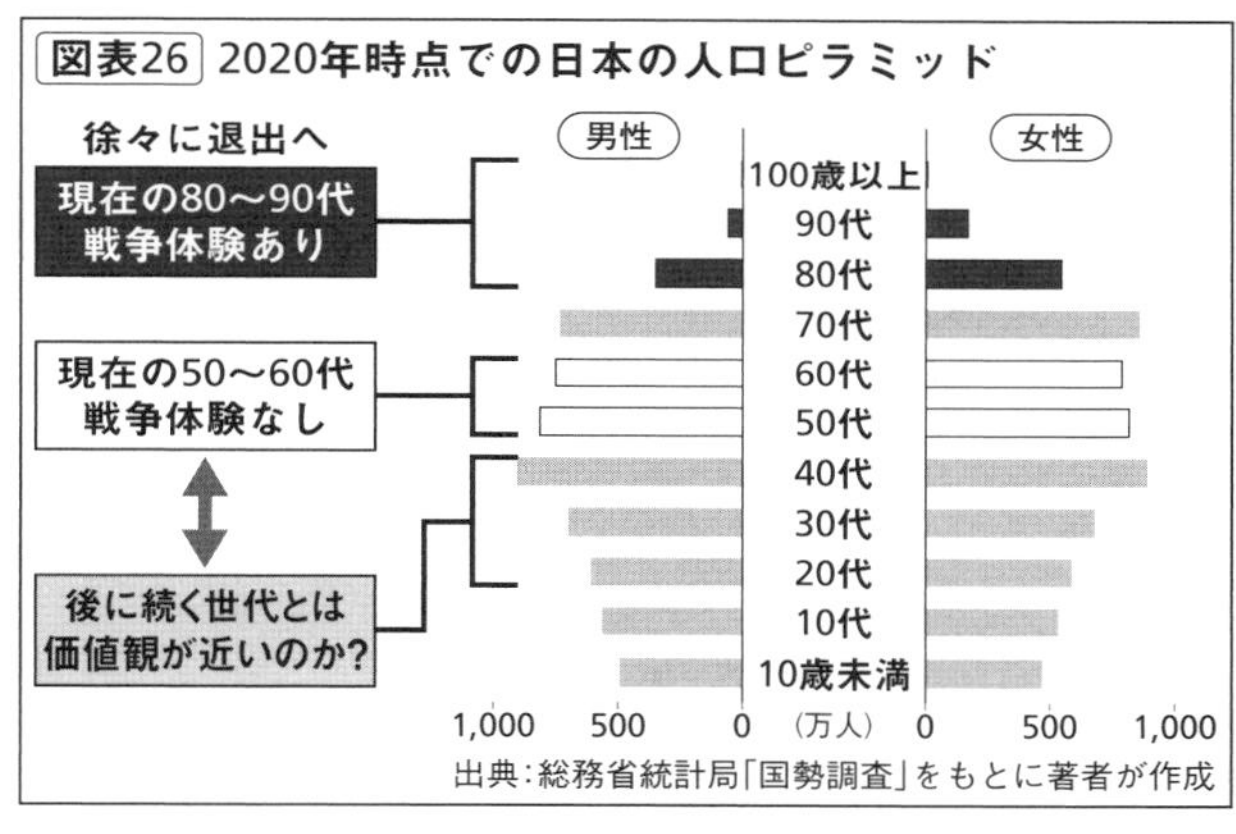

90代となりました。

戦前生まれの人たちは、働いたり、子育てをしたりする現場から遠のいていき、そしてその世代の人口も減ってきています。この方たちが社会から少しずつ退出していくことで、年齢によって価値観が異なる状況が変わってきているのかもしれません。

「失われた30年」をともに経験した世代

さて、自由な生き方を重視していた当時の20～30代は、現在50～60代になりました。次は、新たに社会に加わった20～30代（1983～2002年生まれ）と、現在の50～60代との関係を見ていきましょう。

20～60代まで、戦争体験の有無のような大

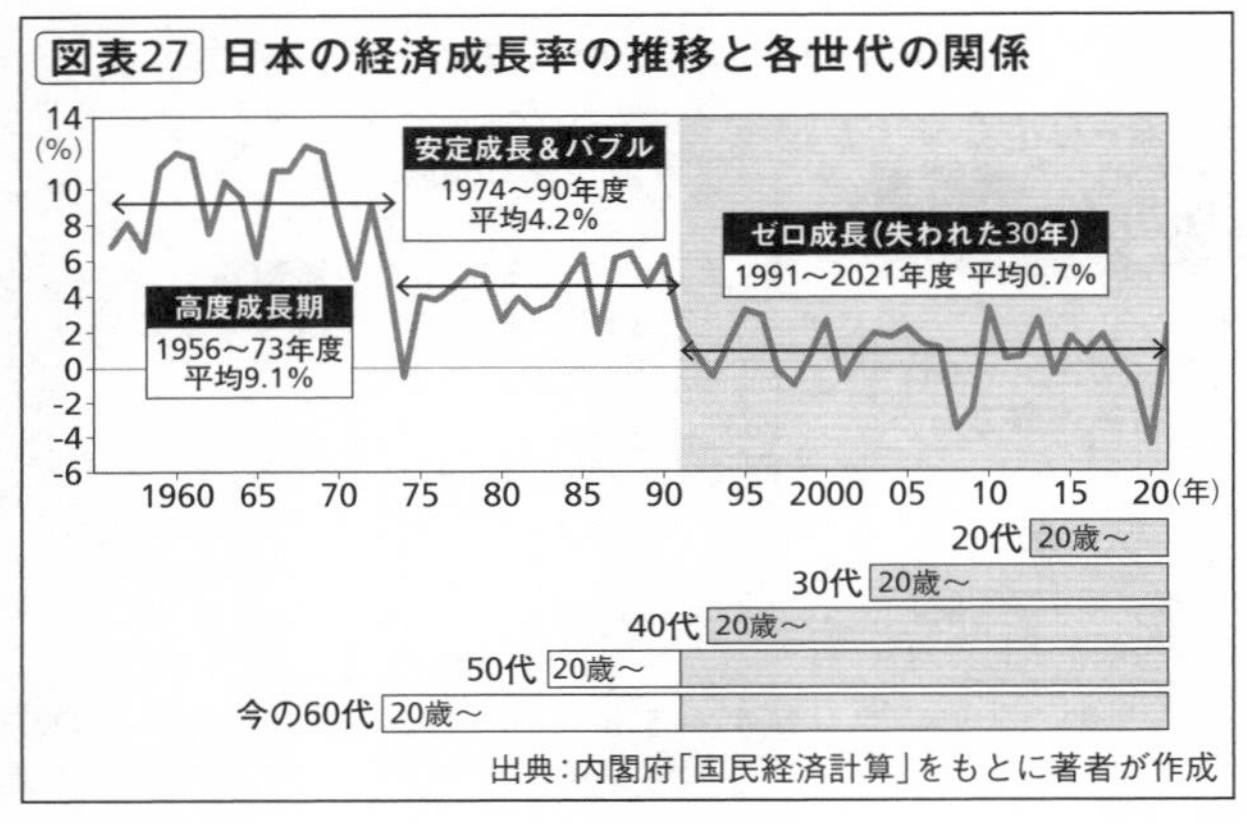

きな価値観の隔たりはありません。ではどんな価値観を共有しているのでしょう？　私たちは日本の経済成長率と、各年代がどの時代を生きてきたかを重ねてみました。

図表27をご覧ください。日本の経済成長率の推移の下に、各世代の誕生から今に至る期間を帯状にして示しています。かつての高度成長期、その後の安定成長とバブルの時期を経て、日本はゼロ成長、「失われた30年」と呼ばれる期間に入りました。現在20〜60代の人たちについて、それぞれが20歳を迎えて以降を見てみると、20〜40代はゼロ成長時代にすっぽりおさまっています。50〜60代でも、人生でゼロ成長時代を過ごした期間のほうが長くなってきています。

このことから、「失われた30年」という**変化の乏しい期間の共有**が、年代による価値観の変化や差の少なさにつながっていると考えられそうです。

これについて、消齢化についてインタビューを行った大阪大学大学院の吉川徹教授の意見をご紹介します。吉川さんは計量社会学がご専門で、世代論や社会構成の構造的分析で数多くの研究をなさっています。吉川さんは今の20～60代の特徴について、**「親より上の社会階層に行く時代」を経験してこなかった**ことをあげていました。団塊ジュニア世代（1971～1974年生まれの世代）は社会に出てまもなく「失われた30年」に突入し、さらにこの団塊ジュニア世代の子どもの世代になると終身雇用制度はとっくに崩壊しています。このことを背景として、今の若者は親世代と同じようなキャリア観を持ち、就職や転職の際にも同じような苦労をしてきたようです。このことが年代ごとの価値観の違いが小さくなっていく現象の一因になっていると、吉川さんは考えているそうです（詳細は第4章を参照）。

近年では、日本の経済成長率を見て「衰退途上国」と揶揄する風潮もあります。高度成長期やバブル期の経済成長率と比べ、悲観的な気持ちになることは否めません。

ですが、同じような苦労を共有したことで年代を超えてつながることができるのは、**この時代ならではの明るい兆し**と言えるのではないでしょうか。

「すべき」が減った（価値観の変化）

下降収束型のパターンでは、時代の節目と経済成長率、その時代の生活者の価値観に着目して消齢化の背景を探りました。すると、戦前を知る世代の退出により旧来型の家族観、結婚観、仕事観など、「こうすべき」「こうあるべき」という考え方の持ち主が減っていき、それに続く世代はゼロ成長の時代を30年以上、共有していることが見えてきました。世代の交代だけでなく、ある層から下では変化の乏しい期間の共有が長くあったわけです。

これらが示すことは、社会全体での価値観の変化です。つまり**社会から「すべき」が減り、皆がそれにとらわれずに暮らすようになった。**

これが消齢化のもうひとつの背景ではないかと、私たちは結論付けました。

さて、ここまでにご紹介した2つのグラフのパターン以外に、もうひとつ、消齢化の背景を探る手がかりとなったグラフのパターンがあります。

最後にお話しするのは、「**中央収束型**」というパターンです。

【パターン3】「中央収束型」とは？

図表28を見てください。こちらは「ものやサービスの購入についてこだわる方だ」という、消費意識についての項目です。20〜30代では、30年前よりもこだわるという回答が減少している一方で、40〜60代では増加しています。このように、各年代が真ん中に集まる

図表28 ものやサービスの購入についてこだわる方だ

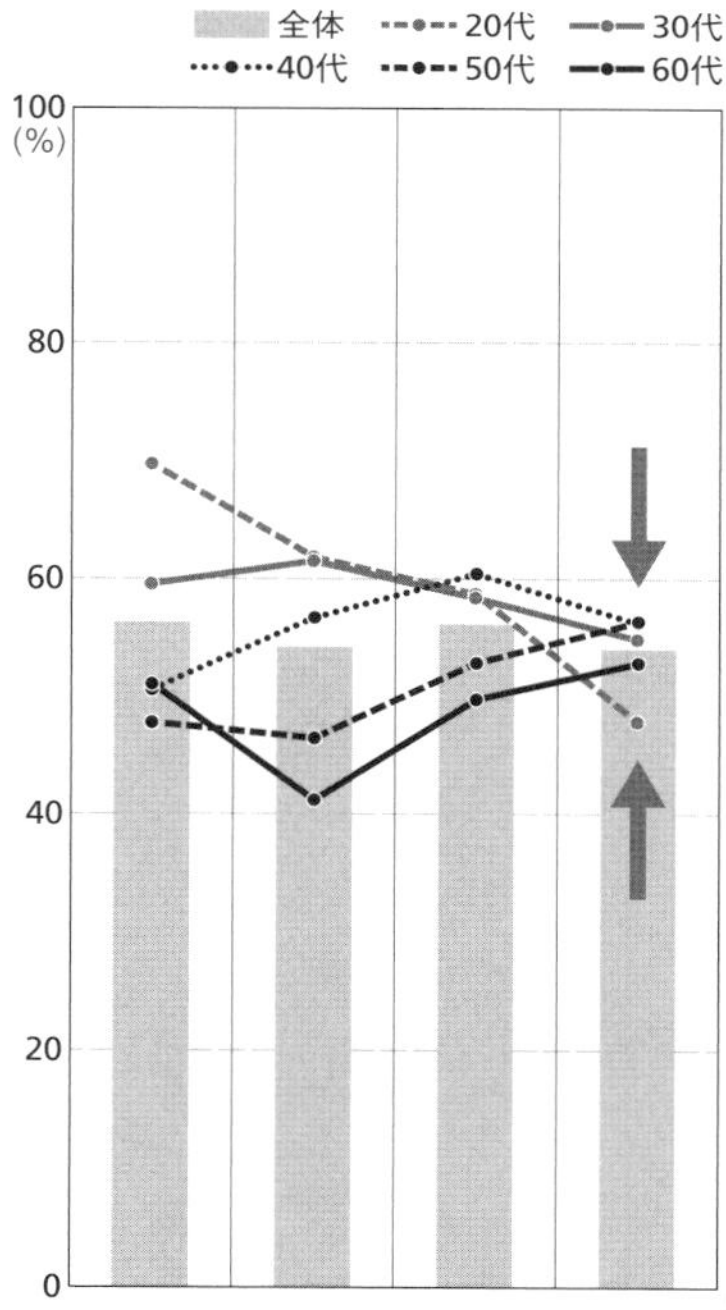

その時点の最大値　その時点の最小値

	1992年	2002年	2012年	2022年
全体	56.2	54.1	56.1	53.9
20代	69.5	61.8	58.6	47.7
30代	59.5	61.5	58.4	54.8
40代	50.4	56.6	60.3	56.1
50代	47.7	46.4	52.8	56.3
60代	51.0	41.1	49.7	52.8
最大値－最小値pt	+21.8	+20.7	+10.6	+ 8.6

形で近づいているグラフを、私たちは中央収束型と名付けました。全体の平均値だけを見ると20~30年あまり変化がないのに、年代別では違いが小さくなっているものが、このパターンに多く含まれます。

図表29「流行やトレンド情報に関心がある」という関心のある情報についての項目も、

図表29 流行やトレンド情報に関心がある

全体　20代　30代　40代　50代　60代

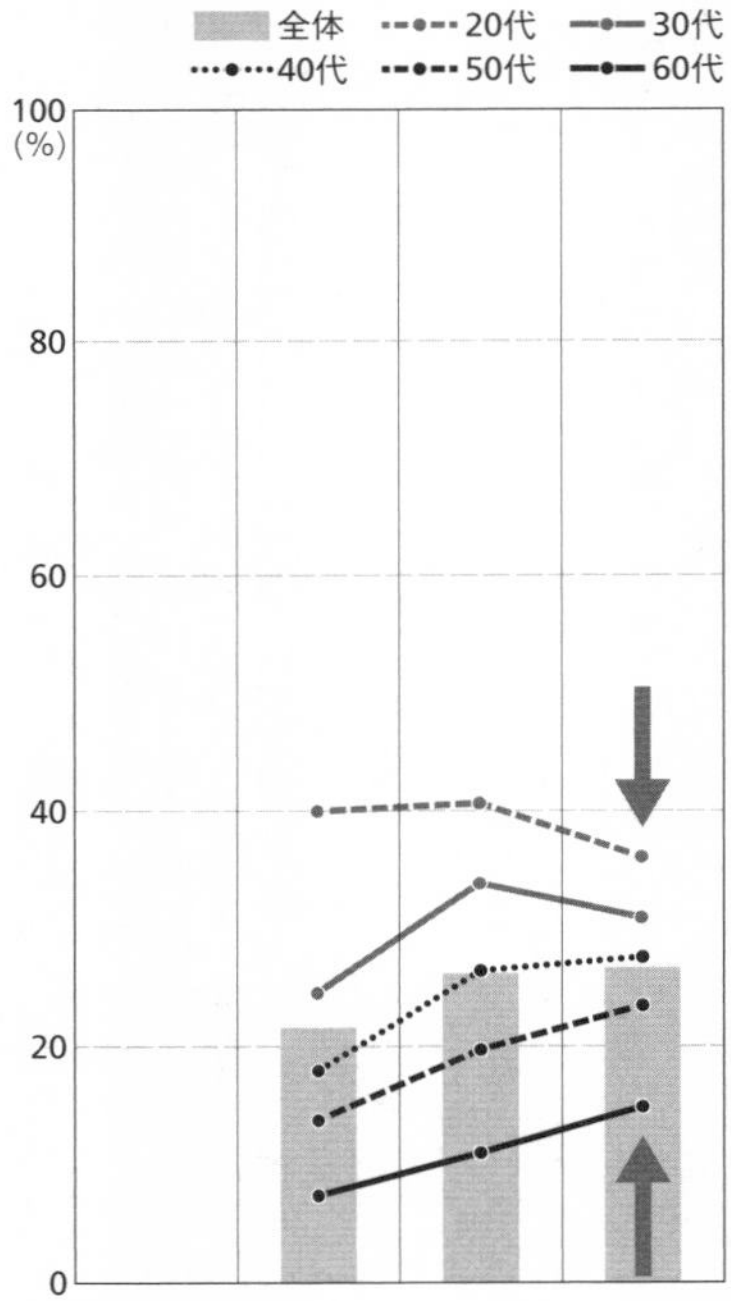

■その時点の最大値　■その時点の最小値

	1992年	2002年	2012年	2022年
全体		21.6	26.1	26.6
20代		40.0	40.6	36.1
30代		24.4	33.8	30.8
40代		17.8	26.3	27.4
50代		13.6	19.7	23.4
60代		7.2	10.8	14.7
最大値−最小値pt		+32.8	+29.8	+21.4

中央収束型です。

２００２年の最大値は40・０％（20代）、最小値は７・２％（60代）で32・８ポイント差だったのが、２０２２年には最大値は36・１％（20代）、最小値は14・７％（60代）で21・４ポイント差にまで近づいています。ぱっと見ると２０２２年でもまだ年代ごとの数値にばらつきがあるように見えますが、20年前よりもその差は小さくなってきており、「流行やトレンドは若い人たちのものだ」という考え方は徐々に通用しなくなってきているのかもしれません。

図表30（66ページ）は「お酒を飲む」という項目です。かつては20～30代が高かったのですが、年々下降してきました。逆に50～60代では年々増加し、１９９２年には最大値と最小値で22・０ポイント差だったのが、２０２２年には７・０ポイント差にまで近づいています。先に出ていた第１章の**図表６**「ハンバーグが好き」（24ページ）や、第２章の**図表16**「焼肉が好き」（42ページ）で、高年層が増加傾向なのと同様に、「年を重ねるとお酒を飲まなくなる」という考え方は古くなりつつあるとも言えそうです。同時に、若いからといってお酒を飲む人が多いとも言えない時代になってきています。

なお「生活定点」のこの調査項目は、「お酒を飲む」「お酒を飲まない」の二択で聴取し

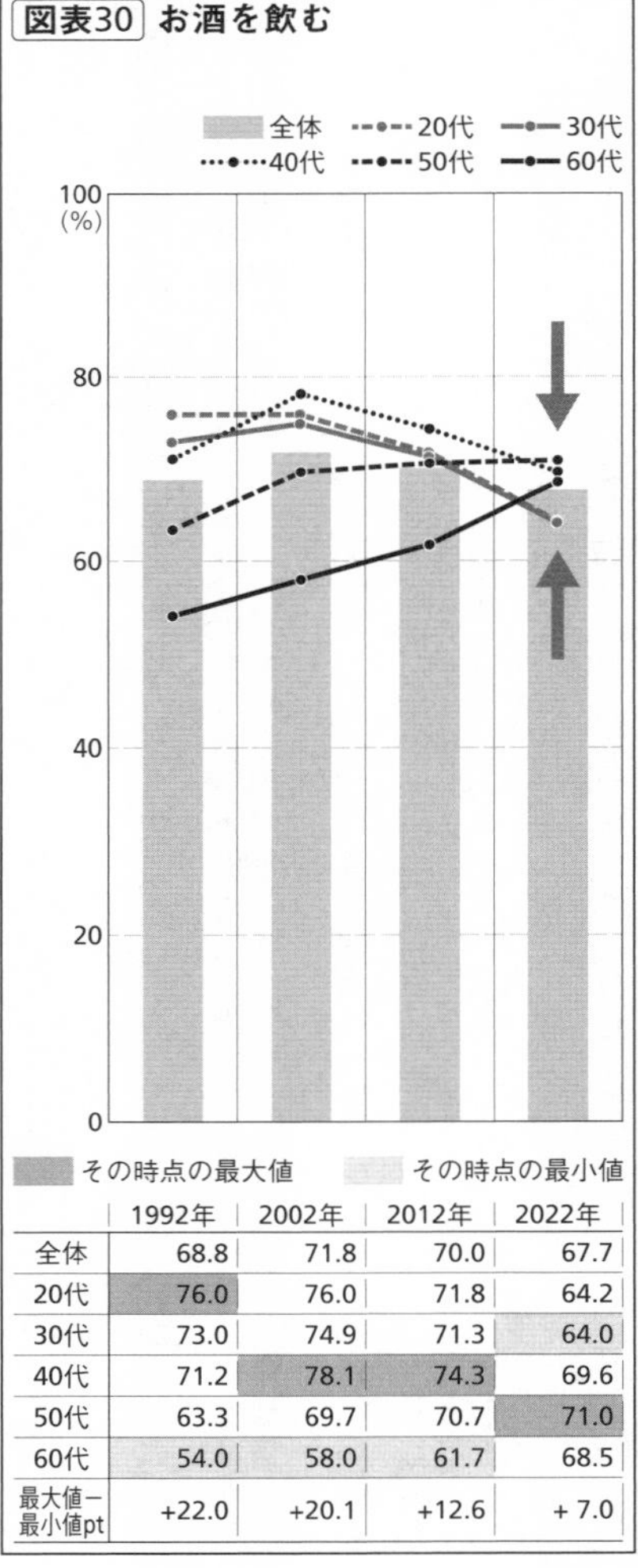

図表30 お酒を飲む

	1992年	2002年	2012年	2022年
全体	68.8	71.8	70.0	67.7
20代	76.0	76.0	71.8	64.2
30代	73.0	74.9	71.3	64.0
40代	71.2	78.1	74.3	69.6
50代	63.3	69.7	70.7	71.0
60代	54.0	58.0	61.7	68.5
最大値ー最小値pt	+22.0	+20.1	+12.6	+ 7.0

ており、お酒を全く飲まないか、ほとんど飲まない人以外は「お酒を飲む」と回答するようになっています。厚生労働省などが発表する飲酒の量や頻度を加味した飲酒率とは異なることを付記しておきます。

これら中央収束型のグラフを眺めながら、私たちはまた、共通しているものを考えてみました。

物やサービスへのこだわり、流行への関心、お酒をたしなむかどうか。これらに見られるのは、いわば**生活者の「嗜好や興味、関心」について、上の年代と下の年代とが互いにすり寄るような形で違いが小さくなっている**ということなのではないかと、私たちは考えました。

この変化は、実生活で感じられている方も多いかもしれません。ここでひとつ、私たちが以前行った調査の中から、クイズを出題したいと思います。

生活総研では、2022年3月に「衣生活写真調査」を実施しました。これは調査対象となった全国の20~69歳男女に、自身が普段の衣服を着ている状態を写真に収めて送ってもらうというものです。

次ページにある**図表31**はその中の一部の写真です。

あなたはこの写真から、生活者の年齢を見抜けますか？

図表31 全国20 ～ 69歳男性の普段の衣服

「衣生活写真調査」調査概要

- 調査地域：全国
- 調査対象：20～69歳男女 213人
- 調査手法：インターネット調査
- 調査時期：2022年3月

出典：博報堂生活総合研究所「衣生活写真調査」

消齢化クイズ③

5人の男性に、ご自身の外出着の写真を撮ってもらいました。
それぞれ、何歳ぐらいだと思いますか？

答えは、左から順に、20代、30代、40代、50代、60代。あなたは正解できましたか？首から下だけでは、ほとんど見分けがつかないですよね。

部屋着ならまだしも、よそ行きの恰好でこのように服装が似てくるのは、年齢による「服への嗜好の違い」が小さくなっていることの表れのように感じます。

嗜好や興味関心が、上と下の年齢層、両側から変化した

先ほど紹介したデータにあった、流行やトレンド、消費の傾向は、ファッションや、音楽、遊びなどエンタメ領域の動きと関係が深そうです。この領域を掘り下げながら、年齢による嗜好の違いが小さくなっているかどうかを考えてみましょう。

ここでまた、街頭インタビューでのコメントをご紹介します。

・「カラオケでよく歌う曲は『ルビーの指環』。めっちゃいい曲だなと思って。なんか、昔の曲って今の曲よりも、気持ちとかをストレートに伝える歌詞が多いじゃないですか。でも今って、歌詞の表現が遠回しのことが多い。昔の曲のストレートなところがいいなぁと思いました」（20代男性・原宿）

・「Netflix（ネットフリックス）で、お父さんは僕が見た番組の履歴を見返して、その中から気になったものを見てるみたいです。最近驚いたのは、お父さんが『チェンソーマン』をめちゃめちゃ見ていたこと。僕より詳しくなっちゃってました」（20代男性・原宿）

・「お母さんの服は、結構借ります。私のお母さんは、あまり高い服を長く着るタイプではなくて。安い服をワンシーズンで着る感じなので、私が着たいものとそんなに変わらないかなって感じです」（20代女性・原宿）

・「アイドルは、私が娘にハマらせてしまった感じです。小学校の時連れて歩いて。今は娘がハマっています」（60代女性・巣鴨）

・「最近しているゲームは、『ポケモンＧＯ』。僕はあまり家から出ないんですけど、それで外へ出るようになりました。老若男女が楽しんでますね。おばあちゃんおじいちゃんたちも外に出てデート感覚で散歩しながら『ポケモンＧＯ』をやっていたり、家族ぐるみで共通の話題で楽しんでいたりしているのを見て、いいな～なんて思いながら」（50代男性・新橋）

このように見ていくと、若年層が中高年層の嗜好に近づくケースと、反対に中高年層が若年層の嗜好に近づくケースと両方ありますね。生活者全体の嗜好や関心が、どんどん年齢から関係なくなっているように思えてきます。

「この年齢層はお酒が好き」「この年齢層はこういう服や音楽が好き」などといった**嗜好の違いや特徴は、上と下の年齢層、両側からの変化によって消えていきつつある**ようです。

生き方の選択肢が広がり、ライフステージと年齢が乖離した

ここまで見てきたように、若い生活者も上の年代の生活者も、以前の時代と比べて生き方へのしがらみが減り（＝「すべき」が減った）、自由な生き方への手段は増加しました（＝「できる」が増えた）。

これは言い換えれば、全年代を通じて、**生き方の選択肢が広がった**ということ。生活者たちは、一人ひとりの状況や欲求に合わせて、「年相応」や「適齢期」といった固定観念に縛られず、自分の「したい」を追求しはじめたのです。

以前、私たちが行った研究に「年齢とライフステージが紐づかなくなっている」という状況を示したデータがありました。次ページに示す**図表32**は、ある年に第1子を出産した女性の年齢の構成比を表したグラフです。横軸は年齢、縦軸は割合（％）を示しています。薄いグレーで塗りつぶしてあるのが1975年の分布です。そそり立つような高い山の

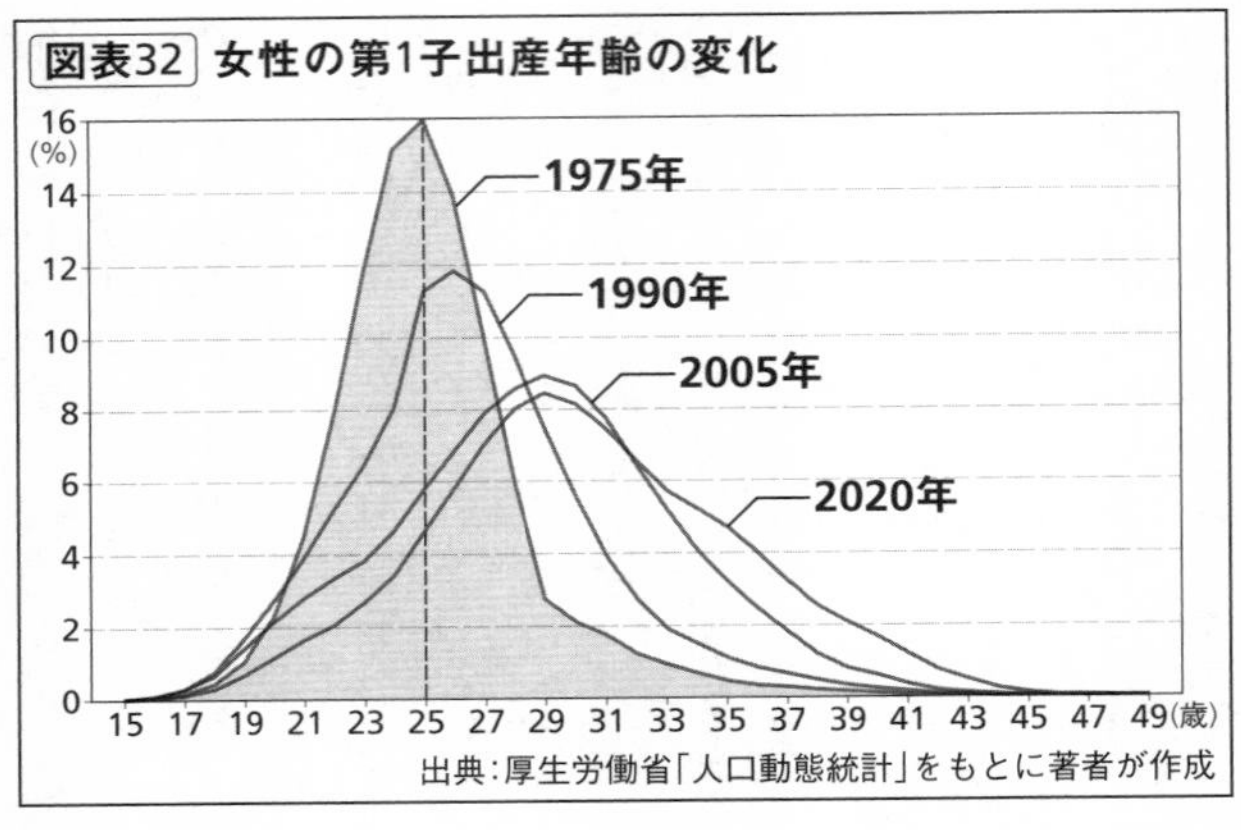

正規分布ですね。この当時は約16％を占める25歳をピークに、その±2歳程度の範囲で7割の女性が第1子を出産しています。それだけ横並びで出産し、一緒にライフステージを上がっていった時代だったようです。

それが15年後の1990年、30年後の2005年の分布では、だいぶ山が緩やかになりました。ピークが下がり、裾野が広がっています。最新の2020年は非常に広い範囲に分布の裾野が広がっており、たとえ同年齢のお母さん同士であっても、子どもの年齢はバラバラ、置かれている状況もバラバラになっています。それだけ出産・子育てというライフステージと年齢のつながりが希薄になっているといえるでしょう。「若い年齢で出産」

という旧来の「すべき」にとらわれず、生き方の選択肢が広がったことが、この変化のおおもとにあります。

ここで消齢化について、労働社会学者であり、キャリア論や若者論を中心に幅広く執筆をなさっている千葉商科大学・常見陽平（つねみようへい）准教授のお話を紹介したいと思います。

常見さんは、「**社会的加齢の消失**」が消齢化の背景として考えられる、とお話しされていました。社会的加齢とは、かつて考えられていた年相応のライフステージを、年齢と共に徐々に上がっていくことをいいます。年功序列の崩壊や、結婚や子どもを持つことへの強制力がなくなってきたことで、社会的に加齢していく感覚が失われつつあることを、常見さんは指摘しています。

社会的加齢の消失によって、**人生の節目**がなくなっていき、年齢を重ねても若いままの気持ちや感覚が維持されるようになったのではないか。その人がしたいなら年齢に関係なく、ずっと恋愛をしてもいいし、アニメやアイドルにはまってもいい、そんな時代になっているのではないか。そう常見さんはお話しされていました。

年齢に関係なく、好きを追求する時代へ

私たちは、年齢とライフステージが紐づかなくなってきたこと、そして、ここまでにわかった消齢化の2つの背景（「できる」が増えた・「すべき」が減った）もふまえて、そのことがもたらす「年齢層ごとの嗜好や関心の変化」を概念図にしてみました。**図表33**を見てください。この図では、横方向が嗜好の広がりを表しています。

今よりも「年相応」の意識が強かった時代を表す**図表33**の①は、年齢によってライフステージも大きく違います。それに伴って嗜好や関心も、隔たりが大きかったということです。

さらに「年相応」に縛られず生きるための選択肢が広がると、「年齢に関係なく、何を好きだっていい」という流れが強まります。**図表33**の②のようなイメージです。

そして同じ年齢層の中でも、嗜好や関心がバラついていくと、**図表33**の③のように違う年齢層との嗜好の重なりが大きくなります。つまり、この重なりの分だけ「年齢による違い」が小さくなったのだ、と私たちは解釈しました。

図表33 年齢層ごとの嗜好や関心の変化（概念図）

①今よりも「年相応」の意識が強かった時代

年齢層で「嗜好・関心」の隔たりは大きかった

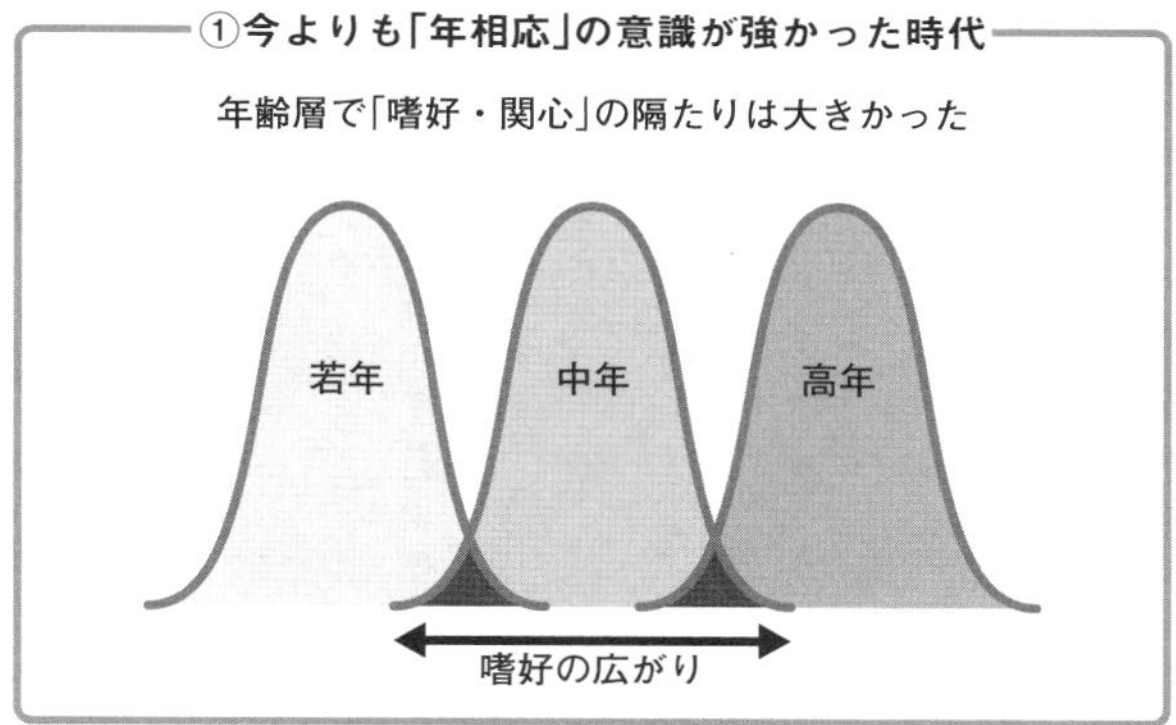

②「年齢に関係なく、何を好きだっていい」という流れが強まる

生き方が多様化して
同じ年齢層でも「嗜好・関心」がばらつきだす

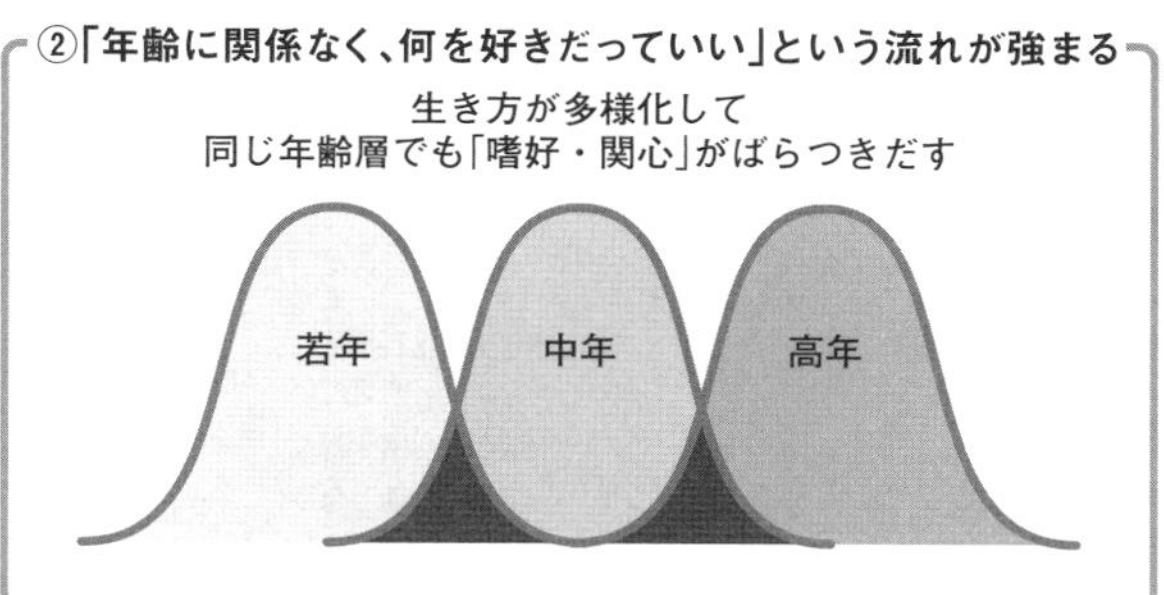

③同じ年齢層での「嗜好・関心」のばらつきがさらに進む

異なる年齢層との
「嗜好・関心」の"重なり"が大きくなる

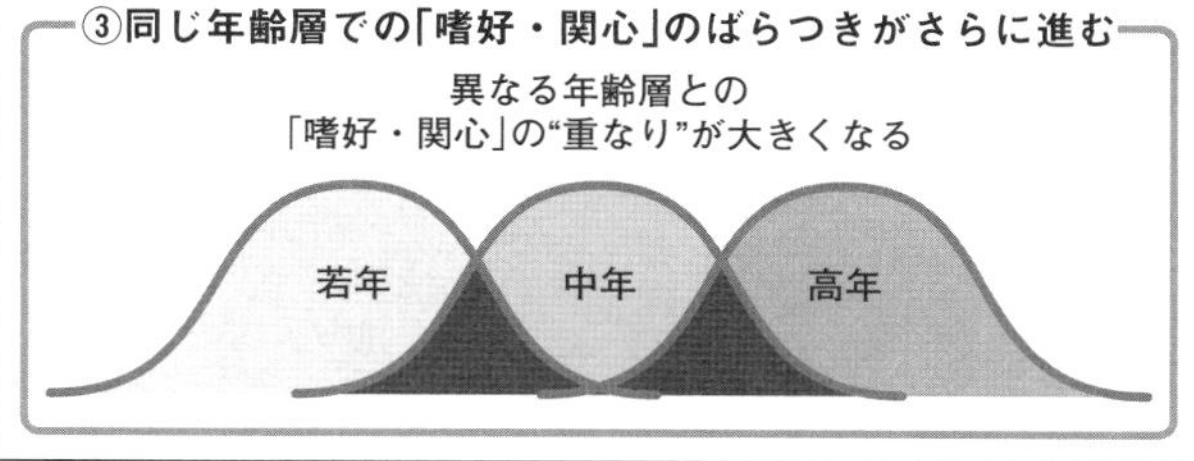

「したい」が重なる(嗜好・関心の変化)

前ページ図表33で示したように、「年相応」や「適齢期」に縛られず**生き方の選択肢が広がり**、他方で**同じ年齢層でも嗜好が多様になり違う年齢層との重なりが大きくなったため**、「年相応」や「適齢期」といった自分を縛る考え方から解き放たれた生活者たちの**「したい」が重なった**のではないか。私たちは議論を重ねるなかで、各年代のグラフが真ん中に寄っていく中央収束型の変化から、そんな3つ目の消齢化の背景を発見しました。

さて、この生活者の「したい」が重なって、年齢による嗜好や関心の違いが小さくなっている、という議論のなかで、ある疑問が出てきました。

それがこの章の最後のテーマ、「**多様化**」**との関係**です。

消齢化と「多様化」との関係は?

そもそも現代は、生活者の嗜好や価値観がどんどん多様化して、「個の時代」や「多様性の時代」と言われています。それなのに、消齢化。生活者の違いが年々小さくなっているというのは、矛盾していませんか? 私たちは、この2つの現象をどう捉えるべきか、という問いに改めて向きあいました。

今まで見てきたようなライフステージと年齢との関係の希薄化は、出産・子育てだけにとどまりません。家族関係も、仕事も、学びも、何度も繰り返したり、やり直したりできるイベントになっています。生活者が型にはまった「年相応」にとらわれず、自分の「したい」を追求しはじめた結果、同じ年代の生活者同士でも、ライフステージや、嗜好、欲求のばらつきは大きくなりました。

そしてその動きは同時に、年代の異なる生活者との〝重なり〟を生むことにもなりました。「若者は、お酒が好きで、ファッションに関心が高い」「高齢者は、健康のためお酒は控え、ファッションへの関心は薄い」かつて言われていたような、そんな年代による好み・関心の違いや特徴は、消えつつあります。個人が自由に「したい」を求める動き、すなわち、一人ひとりの「個」の追求が、奇しくも年代間の好みや関心の違いを小さくすることにもつながったのです。

この考え方を、先ほどの年代ごとの価値観がとけあう概念図を使い、改めて整理してみましょう。

78ページ、**図表34**をご覧ください。横方向に伸びる矢印に示したように、それぞれの年齢層の内側の、「嗜好・関心」の〝広がり〟に着目すれば、それは**多様性、個の時代の表**

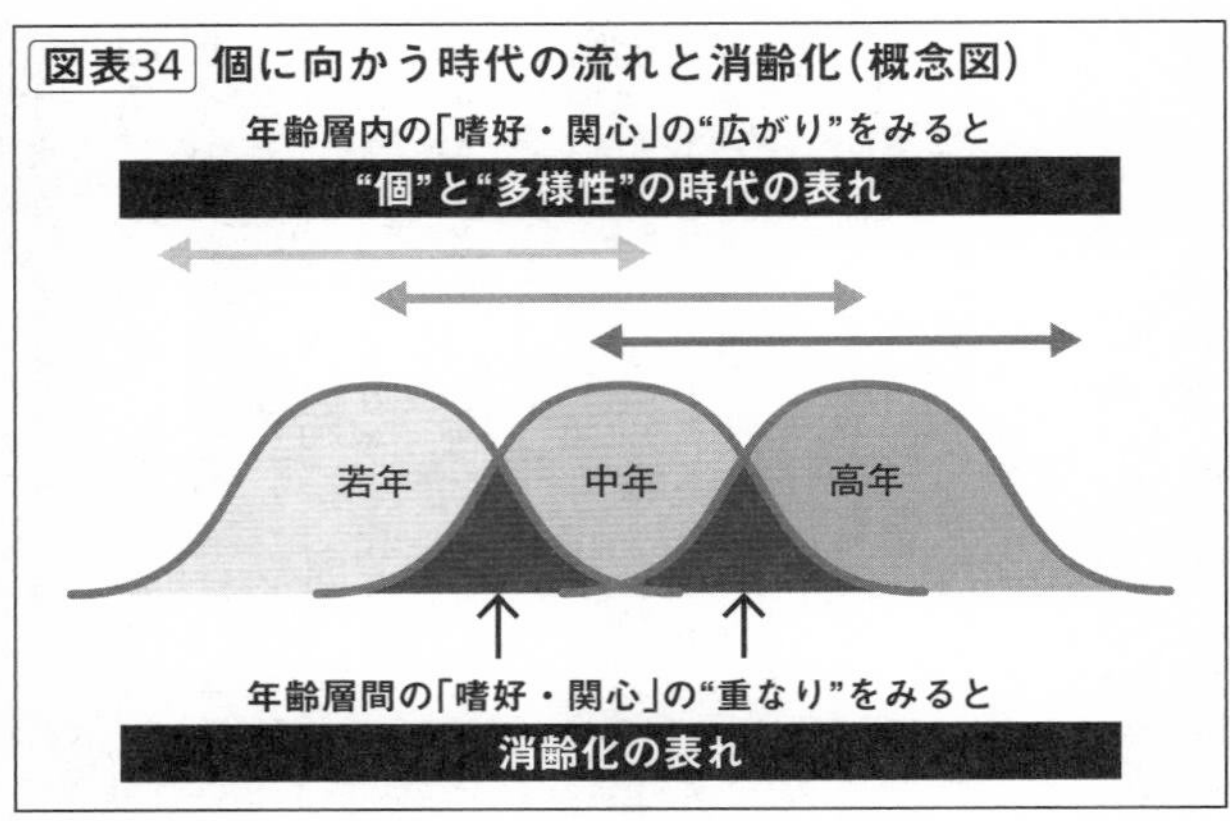

れとして捉えることができます。

また、下側から伸びる矢印が指す部分、年齢層の間の「嗜好・関心」の〝重なり〟に着目すれば、それはまさに**消齢化の表れ**として捉えることができるでしょう。

つまり多様化と消齢化は、相反するものではない。

私たちは、**個に向かう時代の流れと消齢化は少なくとも同時に進行している**動きであり、矛盾しているものではない、と考えています。

「消齢化の背景」のまとめ

最後に改めて、消齢化の背景をまとめてみましょう。

（1）能力の面で、年齢に囚われず「できる」ことが大きく増えた
（2）価値観の面で、世代交代や時代の共有を経て、社会から「すべき」が減った
（3）嗜好や関心の面で、「年相応」から離れ出した生活者の「したい」が重なった

この3つの変化を背景として、消齢化は進んでいるという結論に私たちは至りました。

さて、第1章・第2章を通して消齢化を理解していただいたところで、第3章からは、この本をお読みのみなさまにもぜひ一緒に、ある〝問い〟について考えていただきたいと思います。

それは、**「消齢化はこの先も続くのか？」**ということ。

過去から現在まで消齢化が進んできたことや、その背景はわかったけど、この先の未来はどうなるのか？　研究の旅は、むしろここからが本番です。

コラム　研究メモ①　生活者と消齢化

私たちが「生活定点」とは別に、20～69歳男女1500人を対象に行った「違いの実感」に関する意識調査から、生活者が消齢化についてどう感じているか、ご紹介したいと思います。

まずは、「考え方や行動の違いについて、年代による違いが大きくなっていると思うか、小さくなっていると思うか」という質問の回答を見てみましょう。

図表35を見ると、生活者の実感では、年代による違いが「小さくなっている」と回答した人は55・3％、「大きくなっている」と回答した人は44・7％と、「小さくなっている」が半数を超えてはいるものの、拮抗しており、消齢化は**生活者にはまだそれほどはっきりとは認識されていない**ようです。

次に「10～20年ほど前と現在の社会を比べたとき、年代によって日常生活での考え方や行動の違いは小さくなっていると思いますか？　大きくなっていると思います

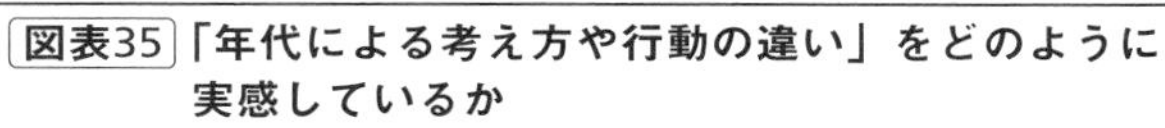

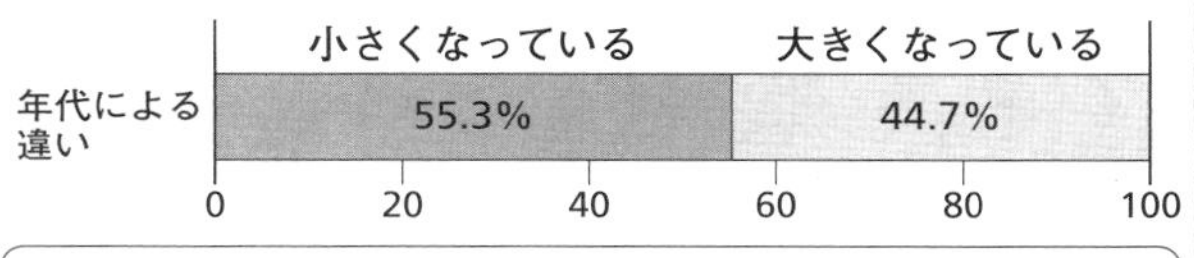

<調査概要>
- 調査地域：東阪名3都市圏
- 調査対象：20〜69歳の男女1,500人
- 調査手法：インターネット調査
- 調査期間：2022年9月
- 質問：10〜20年ほど前と現在の社会を比べたとき、年代によって日常生活での考え方や行動の違いは小さくなっていると思いますか？　大きくなっていると思いますか？

出典：博報堂生活総合研究所「違いの実感」に関する生活者意識調査

か？」という質問を見てみましょう。「小さくなっている」と回答した生活者に、自由回答でその理由を聞きました。

・「子育てで、こういうもんだと上から押し付けられていたこともあったけど、今は逆に自分自身は余計な口は出さないようにしているから」（60歳女性）

・「職場など周りの様子を見ていると、親子ほど年齢の違う人たちが協力しあい、わかりあおうと努力しているから」（59歳女性）

・「昔は親子で一緒に楽しむ時間もなか

ったと思うが、今は親子でものごとを共有したりしてお互いを尊重しあえているから」（47歳女性）

・「今どきの若い子は……などの言葉を聞かなくなった」（36歳男性）

・「ファッションに大きな違いがなくなってきていると思います」（49歳男性）

・「ジェネレーションギャップは未だあるものの、中年・高齢者でも寛容な考え方をする人が少なくないと感じる。若い世代はそもそも、自分と他人との違いを寛容に受け入れられる世代だと思う」（25歳女性）

・「最近ではお年寄りでも元気な人が多く、若者がやるようなゲームをする人もいるから」（52歳女性）

・「プチプラの化粧品や服を、年を取った人が使っても受け入れられる傾向にあ

ると感じたからです」(31歳女性)

ファッションやゲーム、プチプラ化粧品など、嗜好や関心について上の年代の価値観が若者に近づいていることを実感している方が多いようですね。

反対に、嗜好や関心について下の年代が上の年代の価値観に近づくパターンだと、例えば最近では、音楽をあえてレコードで聴く若者が増えているようです。そっと針をおとす瞬間がいいんだとか。今回の調査でこのパターンを実感する声があまり見られなかったのは、前のページで25歳女性がいうように、若い年代はそもそも自分と他人との違いを寛容に受け入れ取り入れていくため、上の世代の価値観に近づいている具体例を特筆するまでもなかったのかもしれません。

消齢化を意識して若者を見てみると、意外にもたくさんの上の世代の文化が自然に取り入れられているかもしれませんね。

第3章　消齢化の未来

この先も消齢化は続く?

消齢化という現象が過去30年間のデータから発見されたことは、第1章・第2章でおわかりいただけたかと思います。第3章では「果たして今後も消齢化は進むのか?」そんな疑問を追究していきたいと思います。

もちろん、来たるべき未来を完全に言い当てることはできません。ですが、統計的な分析法を用いることで、ある程度、推計をすることは可能です。今回は「コウホート分析」という手法を使い、過去のデータをもとに未来を予測してみました。この手法の解説は、少し込み入った話になります。先に概略だけお伝えしますが、解説が不要でしたら、次の項は飛ばして、先をお読みください。

コウホート分析とは?

コウホート分析とは、「生活定点」のような長期にわたる時系列の社会調査データから、その変化の要因を、①世代差に起因する影響=「世代効果」、②加齢に起因する影響=「年齢効果」、③時勢に起因する影響=「時代効果」の、3つの要素に分解する分析手法です。具体的にお話ししたほうがわかりやすいので、例を挙げてみます。

1つめの「世代効果」とは、人がいつ生まれたかによって特徴づけられる要素です。例えば団塊世代（1947～1949年生まれ）と呼ばれる人たちは、日本の高度成長期を経験し、同世代の人口も多かったこともあり、言論や消費などの面でトレンドを生み出す力が強く、若い頃から常に世の中への影響力が大きかった世代です。一方、「Z世代」（1990年代中盤～2010年代序盤生まれ※諸説あり）と呼ばれる人たちは、生まれてからずっと、経済が停滞し世の中の方向性が見出しにくい時代を過ごしてきたこともあり、流行などに連動して行動するというより、個々人の価値観を大切にする傾向があるといわれています。また、スマホやSNSなどに幼少期から慣れ親しんだことによる情報を扱うときの細やかさや、教育を通したSDGsへの意識の高さなどが特徴として挙げられることも多い世代です。このように、特に価値観に関連する時系列データにおいて、世代による影響が色濃くでることがあり、その場合は「世代効果が大きいデータ」と分析することができます。

2つめの「年齢効果」とは、その人の調査時点での年齢や、就職・結婚・出産などのライフステージによって特徴づけられる要素です。例えば生活習慣病の罹患（りかん）率は年齢とともに増したり、結婚というライフステージになると住宅や自動車関連などで消費するものの傾向が変わったりします。このように、時系列データのなかで、どの調査時点を見ても常に特定の年齢やライフステージで「高い」「低い」の傾向があるものは「年齢効果の高いデータ」と見ることができます。

3つめの「時代効果」とは、その時代の技術変化や景気動向、災害、国際情勢などによって、どの世代や年齢の人でも同じ方向に変わる要素です。例えば、2008年のスマホ登場によってそれ以前とは社会全体で生活が変わったことが挙げられます。また、2020年から始まったコロナ禍によって、老若男女が一斉に外出を控える一方、家の中での生活を充実させるために有料動画配信などのネットサービスを利用しはじめたりしたことは記憶に新しいでしょう。このように、社会全体に影響する事態による時系列データの変化は「時代効果が大きい」と分析します。

本来のコウホート分析は、過去から現在にかけての時系列データを以上の3つの要素に統計的に分解し、そのうちのどれに強く影響を受けているのかを知るための手法です。今回は、そんなコウホート分析の技術を応用し、3つの効果の組み合わせを変えることで、10年後の数値を推計しました。

例えば、2022年段階で10代後半の「Z世代」が、10年後の2032年には「生活定点」でどんな数値となるかを考えます。この場合は、「Z世代の世代効果」と「20代後半の年齢効果」をパズルのように組み合わせることで推計することになります。なお、２０３２年の「時代効果」はその時になってみないとわかりませんので、２０２２年のものを適用しています。

これと同じ手順で、ほかの世代も10年分の年を取ったときの数値を出していくわけです。

今回のコウホート分析で使用したデータは、「生活定点」の１９９８〜２０２２年のデータです。「生活定点」は１９９２年に聴取を開始していますが、１９９８年以降に調査項目数が増えているため、１９９８〜２０２２年まで継続聴取している項目（966件）を分析対象としました。

分析手法については、「ベイズ型コウホート分析」を行い、データの経年変化に対する年齢効果、世代効果、時代効果を導出しました。それぞれの効果をもとに、１９９８〜２０３２年までの２年ごとのモデル値を推計しています。例えば、２０３２年の30代のスコアは「30代の年齢効果」と「２０３２年に30代になる１９９３〜２００２年生まれの層の世代効果」と「２０２２年の時代効果」をもとに算出しています。

分析入力年齢は、15〜69歳男女です。「生活定点」では20〜69歳のデータを公開していますが、15〜19歳のデータも聴取しています。分析出力年齢は、25〜69歳男女です。２０

22年時点で聴取できている生年世代の10年後を推計するため、出力の下限は25歳となります。グラフ内の「20代後半」は25~29歳を指します。

グラフは簡略化のため、2002年・2012年・2022年・2032年の4時点のみを表示しています。2002年・2012年・2022年のデータも、推計したモデル値を記載しています。実際の調査結果の数値ではないため、ほかのページの数値とは異なる点にご留意ください。

未来の「生活定点」の調査データを推計してみた

さあ、コウホート分析を用いて導き出した2032年の推計結果はどのようになったでしょう。まずは、推計値をグラフの形で見てイメージをつかんでもらいたいと思います。第1章・第2章で消齢化の例として取り上げた調査項目のうち、いくつかの未来推計結果をご紹介します。

①「ハンバーグが好き」の未来

今回の推計は1998年以降の調査データを元にしていますが、グラフ上は10年ごとに表示する都合上、2002年から記載しています。

図表36は、「ハンバーグが好き」という調査項目の推計値です。2002〜2022年

図表36「ハンバーグが好き」2032年までの推計値

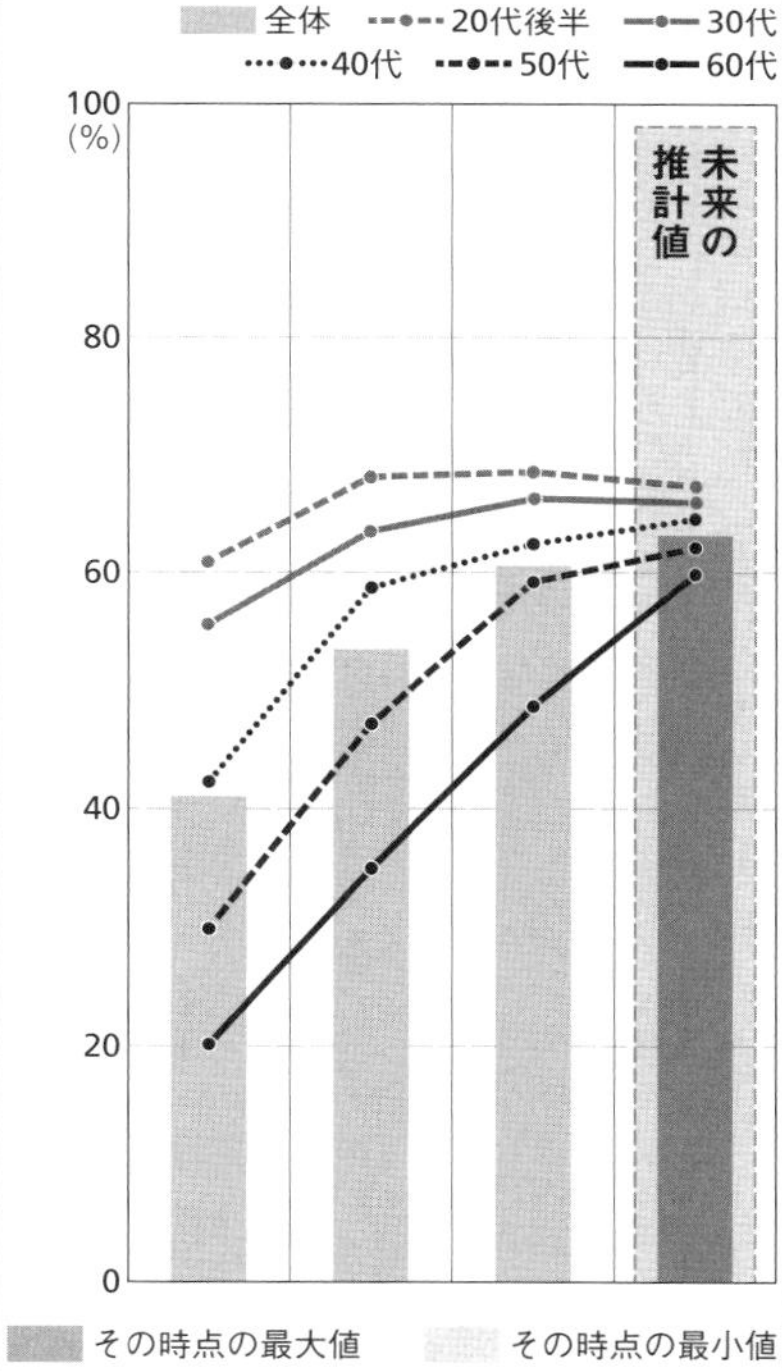

	2002年	2012年	2022年	2032年
全体	41.0	53.4	60.5	63.2
20代後半	60.9	68.1	68.5	67.2
30代	55.6	63.5	66.2	66.0
40代	42.3	58.7	62.4	64.5
50代	29.9	47.2	59.2	62.2
60代	20.1	34.9	48.6	59.9
最大値−最小値pt	+40.9	+33.2	+19.9	+ 7.3

は第2章で説明した通り、各年代の数値が上昇しながら近づく形で消齢化しています。

ではさらにその先、10年後の未来を推計した２０３２年の数値を見てみましょう。２０２２～２０３２年にかけてほぼ横ばいの20～40代に対し、50～60代はさらにハンバーグ好きが増えて、両者がより近づいていますね。

２０２２年の段階では、年代別の最大値と最小値の差が19・９ポイントありましたが、２０３２年はその差が７・３ポイントまで小さくなっており、２０３２年にかけて消齢化がより一層進むことを示しています。

なお、細かいことなのですが、このグラフ上では２００２～２０２２年の数値もいったんコウホート分析で３つの要素に分解して再度合成した推計値になっています。第1章・第2章で示したグラフは推計を挟まない実測値なので、わずかに数値が異なることをお断りしておきます。このようにした理由は、どうしても推計値になってしまう２０３２年と、それ以前の数値を同じ条件下で比較してその推移を見るためです。推計値の一番若い年代は、20代後半（25～29歳）になっています。これは「生活定点」の調査対象者で一番若い人たちが10代後半（15～19歳）で、その人たちの10年後を推計するためです。

②「夫婦はどんなことがあっても離婚しない方がよいと思う」の未来

続いて「夫婦はどんなことがあっても離婚しない方がよいと思う」という項目はどうなるのでしょう？ **図表37**を見てください。

こちらは、２００２年から２０２２年まで年代間の差が小さくなったあと、２０３２年

図表37 「夫婦はどんなことがあっても離婚しない方がよいと思う」2032年までの推計値

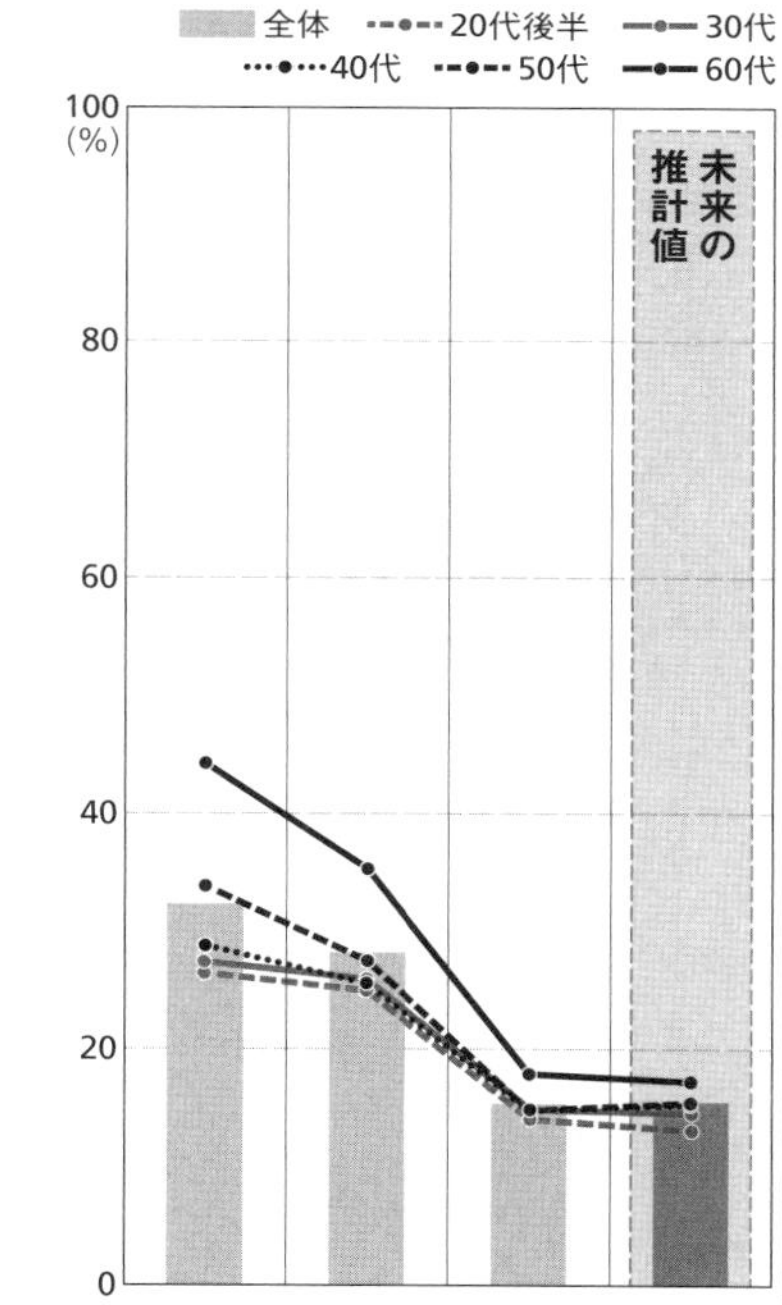

その時点の最大値　その時点の最小値

	2002年	2012年	2022年	2032年
全体	32.2	28.1	15.3	15.5
20代後半	26.4	24.8	14.0	13.0
30代	27.4	26.0	14.9	14.6
40代	28.8	25.5	14.7	15.2
50代	33.8	27.5	14.7	15.4
60代	44.3	35.3	17.9	17.2
最大値－最小値pt	+17.9	+10.5	+ 3.9	+ 4.3

にかけては横ばいになっています。最大値と最小値の差は２０２２年３・９ポイント、２０３２年４・３ポイントでほぼ同じです。

こちらの項目では、消齢化が２０２２年段階で行くところまで行きついてしまい、その後の未来でも消齢化が続いたまま大きな変化がないと考えることができます。

③「調理済食品をよく使う方だ」の未来

図表38の「調理済食品をよく使う方だ」という項目も見てみましょう。

下の年代を見てみると、２０２２年から２０３２年にかけて、20代で36・５％から30・４％になるなど20～30代では少し減っています。上の年代を見ると、60代で29・０％から35・２％になるなど40～60代では増えるようです。結果として、年代別の最大値と最小値の差は２０２２年７・５ポイントから２０３２年７・０ポイントになり、ほぼ横ばいです。

こちらの項目も、多少の上下関係の入れ替わりはあるものの、消齢化した状態が２０３２年でも続いていることを示しています。

このように、今回の分析では**10年後の２０３２年に向けて消齢化が進んでいる、または続いている**という調査項目が多くみられました。

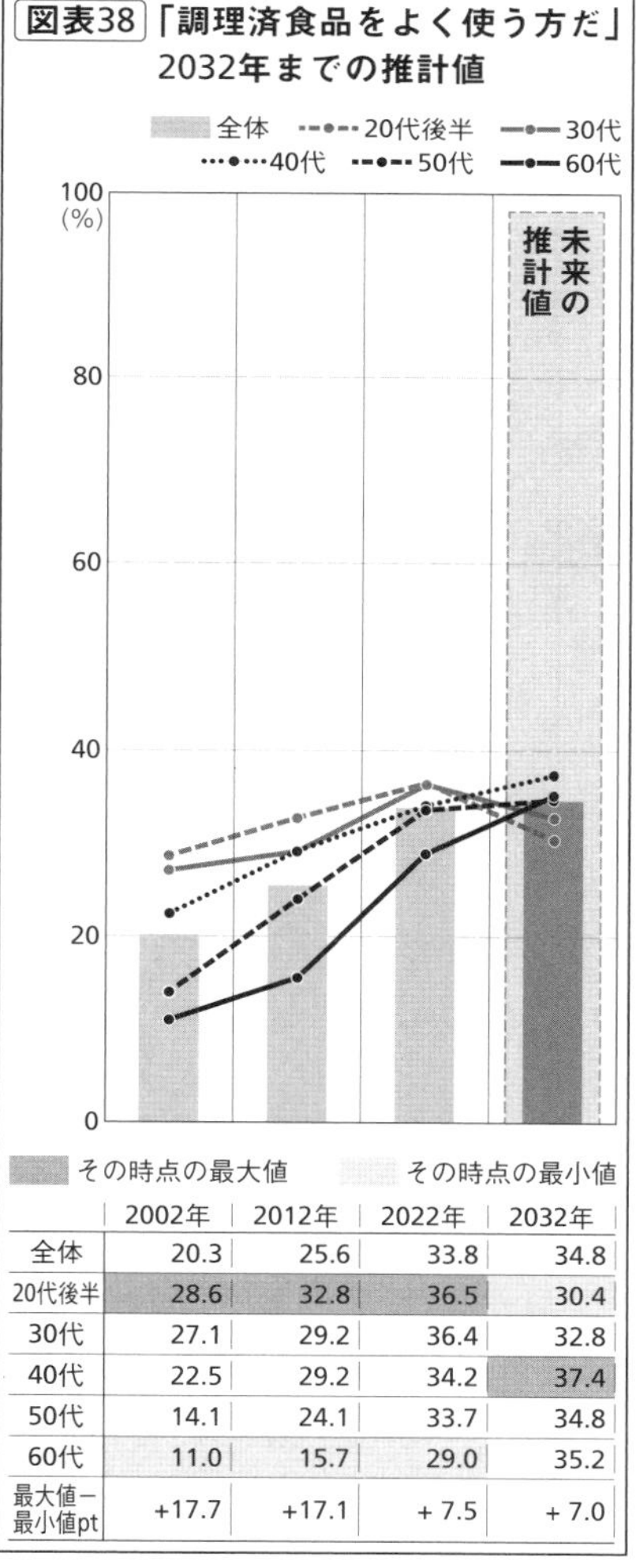

	2002年	2012年	2022年	2032年
全体	20.3	25.6	33.8	34.8
20代後半	28.6	32.8	36.5	30.4
30代	27.1	29.2	36.4	32.8
40代	22.5	29.2	34.2	37.4
50代	14.1	24.1	33.7	34.8
60代	11.0	15.7	29.0	35.2
最大値－最小値pt	+17.7	+17.1	+ 7.5	+ 7.0

実際に、最大値と最小値の差が２００２年と２０２２年の比較で10ポイント以上拡大しているものを「違いが大きくなっている項目」とし、逆に10ポイント以上小さくなっているものを「違いが小さくなっている項目」と判定し、それぞれの項目数を数えてみました（図表39／96ページ）。２００２年と直近の２０２２年の20年間比較では、年代別の最大値と

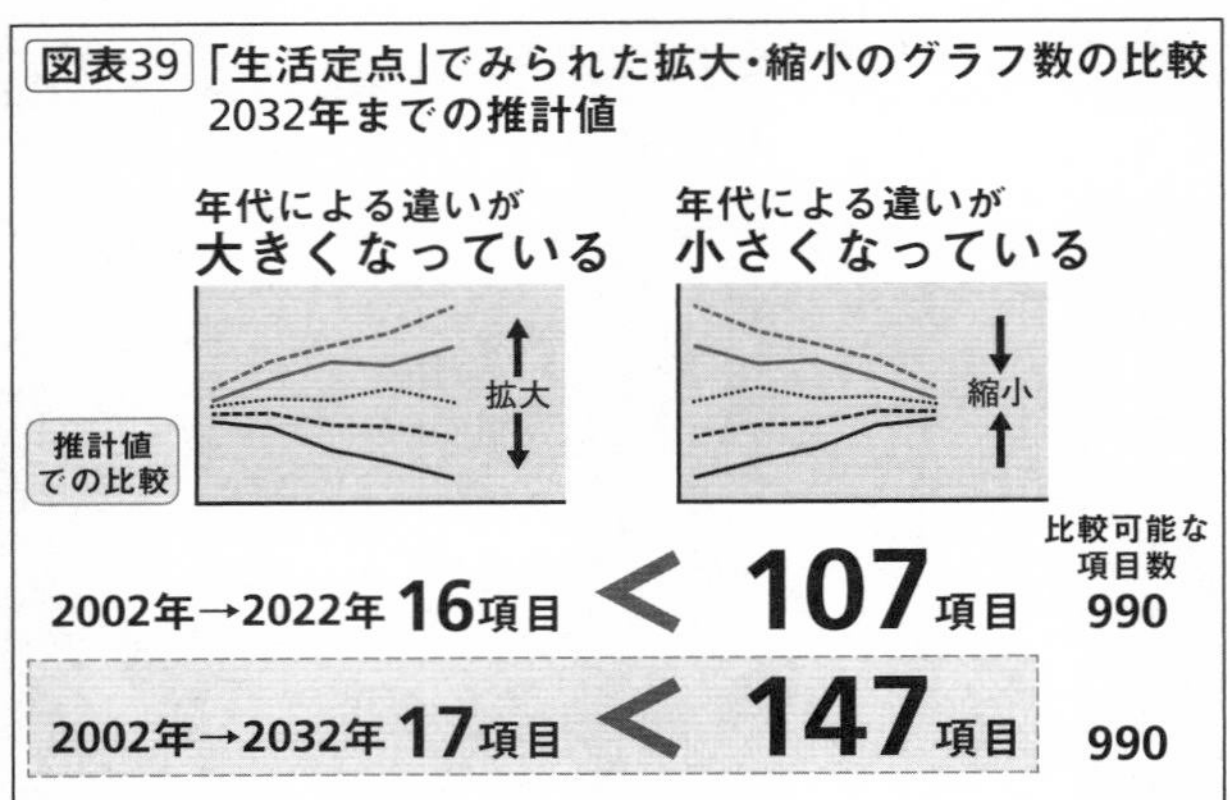

最小値の差が大きくなったのが**16項目**で、小さくなったのは**107項目**でした（この比較でも、前述のように2002年、2022年の数値はコウホート分析を応用した推計値を使っていますので、第1章でご紹介した項目数のカウントとは異なることを付記しておきます）。

次に、2002年から未来推計値にあたる2032年までの30年間比較で見てみると、差が大きくなるのが**17項目**に対して、小さくなるのが**147項目**となりました。

20年間比較と30年間比較では、差が大きくなったのはわずか1項目しか増えていませんが、差が小さくなったのは40項目も増えています。つまりこの推計によれば、**2032年には2022年よりも消齢化した状況が進ん**

で、年齢による価値観や嗜好の違いがさらに小さくなっていく見通しになっています。

技術進展による消齢化の進行

ここまで、統計的な手法によって10年後でも消齢化は進んでいそうだという話をしてきましたが、実はほかにも消齢化が未来に進むことを示唆する事象があります。

そのひとつは、科学技術の進展です。総務省『未来をつかむTECH戦略』(2018年)、文部科学省『令和2年版 科学技術白書』(2020年)、科学技術・学術政策研究所『第11回科学技術予測調査 S&T Foresight 2019』(2019年)が公開している、今後の見通しの一部を紹介していきたいと思います。

2025年以降に実現が予想されている技術としては、例えば「自家用車の高速道路での完全自動運転の実現」が挙げられています。この時点では高速道路という限定がついていますが、続いて一般道路でも自動運転が実現されれば、好きなところに運転なしに移動できます。もしそうなれば、年齢が子どものように若かろうが、足腰が弱くなってくる高齢の方であろうが関係がなくなってくるはずです。

また、「ロボットなどによる無人農業・精密農業の普及」が実現すれば、ロボットが農業の重労働を担ってくれます。年齢に関係なく農場経営ができるようになりますし、農業に限らずもっと幅広い分野でロボットによる助けが得られるはずです。

続いて2030年以降には、「シビアな交渉にも使えるAI同時通訳の実現」がなされ、どんな人でも多言語を使うことができるようになりそうです。「3Dプリントによる再生組織・臓器の製造の実現」がなされれば、年齢に関係なく健康でいることが今よりも容易になっているかもしれません。2035年以降には、「遠隔ロボットの直感的な操作が可能になる」ということで、仮に年齢的に体が衰えてきたとしても、家に居ながらにして遠くに出かけるような体験をしたり、遠隔で仕事をしたりすることが可能になるかもしれません。また、「人の感覚を超人的レベルに補強する技術の開発」も進むそうで、老いも若きも今より鋭い五感を身に付けている可能性すらあります。

ここまで紹介してきた技術進化が何を意味するのか。それは、第2章で消齢化の背景のひとつとして解説した**〝「できる」が増える〟がますます拡大する**ということです。これらの技術のいくつかが実現するだけでも、年齢による能力の違いはさらに小さくなっていくのではないでしょうか。

団塊世代の退出による消齢化の進行

未来に消齢化が進むと考えるもうひとつの観点として、さらに世代交代が進み、人口構造が変化していくことが挙げられます。２０３２年には、「団塊世代」と呼ばれる１９４７〜１９４９年生まれの世代が85歳のラインに突入し、いよいよ社会から退出を始めます。

団塊世代は、戦後の右肩上がりに成長する日本社会を経験した人たちで、とても特徴的な世代でもあります。例えば、団塊世代が結婚を考える時期でもあった１９７５年は、日本の女性就業率が最も低い時期でもありました。女性のライフコースとして専業主婦が大きな選択肢になっていたのです。この背景には、経済成長によって稼ぎ手が一人でも家計を支えられるようになったことや、製造業が経済の中心になり、会社員たちが〝企業戦士〟と呼ばれたように体力的に非常に厳しい働き方をしていた、など複数の要因があります。

もちろん、ジェンダー平等に関するその時代ならではの意識や制度設計なども要因としてあると思います。また、団塊世代は家財や自動車などを買い替えることで、生活の質を高めていくことに意欲的な人たちでもありました。それらの特徴は、やはり日本が右肩上がりに成長し、昨日より今日、今日より明日の方が良い暮らしができるはずだという時代の信念のようなものが大きく影響していると考えられます。

こうした時代を生き抜いてきた団塊世代が退出した後の日本は、一層「停滞した日本」という**同じ時代を共有した世代ばかりで構成する社会になる**というわけです。

ここまで、統計手法による未来推計の観点や、今後の技術進化の観点、人口構造の変化の観点で検討してきましたが、いずれにしても「**消齢化は、今後も進む**」という示唆が得られました。消齢化は今後も続く強い潮流であり、私たちは消齢化を前提とした社会のあり方を考えていくしかないといえるでしょう。

有識者は消齢化をどう考えるか

ここまでにわかってきたことは次の２つです。

- **消齢化は20～30年前からの長期的なスパンで発生している現象である**
- **消齢化はこの先10年後くらいを見通しても、進行していくことが予想される**

これらの事項は、私たちに、さらなる問いを投げかけてきます。それは、「**消齢化がさらに進んだ先の世の中は、どんな世の中になるのだろうか?**」というものです。

生活者の年齢による好みや考え方の違いがますます小さくなっていくとしたら、それは社会にどんなインパクトをもたらすのでしょうか。

もちろん、大したインパクトをもたらさない、という可能性もありますし、インパクトをもたらすとしても、もしかしたらそれはネガティブな影響かもしれません。この問いを考えるにあたっては、消齢化研究の当事者である私たち自身の発想だけでは、ネガティブな影響も含めたフラットな視点を持ちにくいのも確かです。

少し引いた視点からの意見をもらうべく私たちは、外部の有識者の方々を交えて、この問いをどう考えるかのディスカッションを重ねることにしました。どんなお話がうかがえたのか、こちらで少しご紹介しましょう。

消齢化のメリットとデメリット

まずご紹介するのは、長期時系列データの提供でもお世話になったNHK放送文化研究所でのディスカッションです。研究員の荒牧央(あらまきひろし)さんは、消齢化を踏まえた今後の世の中の見通しに議論が及ぶと、「良い面も良くない面も、いろいろ影響は考えられるけれど、全体としては**決して悪いことではないのでは**」との見方を示してくださいました。

ＮＨＫ放送文化研究所の「日本人の意識」調査によれば、かつて２０１１年に東日本大震災という大きな出来事があった後でも、それ以前からの価値観の変化傾向は変わらなかったそうです。この先、社会的に大きな事件が起きても、基本的な価値観は大きく変わらず、さらに消齢化によって年代による考え方の違いも小さくなっていく。だとすれば、**「社会のダイナミズム」のようなものは徐々に失われていく**ことになるだろう。これが荒牧さんの考える「良くない面」でした。

ただその一方で、「年代の違いを超えて同じ価値観を共有しやすくなることにはメリットもある」と荒牧さんは続けます。昔と比べて、年の差や世代の差を超えて議論できる余地が大きくなって、「親子なのにまったくお互いのことが理解できない！」という状況も少なくなり、社会全体で合意が必要な事柄についても、スムーズに決められるようになるかもしれない。そんなふうに前向きに見ることができるのではという話でした。

たしかに、介護の問題や子育ての問題、男女共同参画のあり方など、幅広い年代の生活者が向き合って考えるべきテーマは多いですし、年代で意識に開きがありすぎて話が噛み合わない社会よりは、**課題解決がしやすいメリット**があるといえるのかもしれません。

このあたりのメリットについては、先ほども登場した大阪大学大学院・吉川徹教授も近い考えを示していました。たとえば、ある会社をイメージしたときに、年齢が上の従業員も若い従業員もいろいろいる中で、男女共同参画の進め方や、有休・育休取得についての考え方、転職への考え方など、働き方を取り巻く価値観をみんなである程度共有できているというのは、経営的にも望ましい状態でしょう、というわけです。

会社としては従業員の意見を反映したルールづくりを進めやすいでしょうし、従業員同士の意見が合うぶん、職場の風通しもよくなりそうです。

消齢化が社会融和をうながす

もう一人、第2章でもご紹介した千葉商科大学・常見陽平准教授にうかがったお話を紹介します。常見さんの消齢化が進んだ先の社会についての見通しは、だいぶポジティブなものでした。というのも、経済的な格差があったり、社会からの孤立を深める人がいたりと、世の中をバラバラにしていく社会課題がある中で、消齢化が社会融和につながるきっかけになりうるのでは、という見立てがあったからです。

これからの社会で幸せに生きていくには、みんながそれぞれの「小さな違い」をリスペクトしつつ、「**大きな同じ**」を確認することがとても大事になる。消齢化で、異なる年代の人たちとの間に違いがなくなってくると、「**手をつなげるポイント**がこんなにあったんだ」と認識できるきっかけになる。それは社会を良い方向に向かわせる、と常見さんは考えています。

有識者の方々とお話をさせていただきながら感じたのは、第一に、消齢化は少なからず社会にインパクトをもたらすけれども、「どのような社会が望ましいと考えるか」によって、消齢化の進行を良いことだと捉えるかそうでないと捉えるかは変わってくる、ということ。そしてもうひとつは、社会全体にとっての消齢化や企業にとっての消齢化、個人にとっての消齢化は持つ意味が違ってくる、ということ。**いろいろな立場を主語にして消齢化の影響を考えることが大事**なのだという気づきにつながりました。

「4つの領域」から考える「未来仮説」

さて、ディスカッションで得られた視点も踏まえながら、私たちは改めて消齢化が進んだ未来の世の中について、所内での議論を重ねていきました。

ここで少し補足しますと、生活総研の議論は、難しい顔つきで真面目な討議をしている、というよりは（もちろんそういうときもありますが）、どちらかというと、それぞれの研究員が考えたアイデアシートを基にして、自由な雰囲気で意見を出しあい、アイデアを広げてから徐々に集約させていくスタイルが多いです。「〇〇の未来について考えてみよう」というテーマで議論をすることもよくありますが、現実的・具体的なアイデアも出れば、かなり突飛な、抽象的なアイデア（妄想？）が飛び出すこともしばしばあります。それでも「これはNG」という縛りは、特にありません。一人ひとりの研究員の〝粒違い〟な個性の発揮につながりますし、硬軟織り交ぜたアイデアの幅があったほうが、研究の受け手である皆さんの発想の刺激にもなるはず、という考え方が根底にあります。

そんなわけで、今回も「消齢化が進んだ先の世の中」について、幅広いアイデアを起点に少しずつ集約していき「**未来仮説**」として、最終的に、次にあげる「**4つの領域**」にフォーカスをして取りまとめました。

●未来仮説を取りまとめる「4つの領域」

① 個人の生き方
② 人との関わり方
③ 社会構造
④ 市場

取りまとめの議論の中で私たちがこだわったのは、「前向きな変化に光を当てる」ということです（詳しくは後述します）。有識者の皆さんとのディスカッションを通じて、消齢化のインパクトは決して良い面だけではなさそうだ、という視点が得られました。私たちとしてはそれを認識しつつも、最終的には、現在の社会が抱える課題解決につながったり、なるべく世の中に希望をもたらす変化として消齢化を〝生かす〟方向の議論につなげたいという意思がありました。

さあ、少し前置きが長くなりましたが、先述の「消齢化がさらに進んだ先は、どんな世の中になるのだろうか？」という問いに対する私たちの「未来仮説」を、「4つの領域」にしたがってご紹介していきたいと思います。

【未来仮説1】消齢化で「個人の生き方」が変わる

最初に取り上げるのは「個人の生き方」についてです。結論から申しますと、消齢化は一人ひとりが生きるための拠り所になる〝指針〟そのものをガラッと変えてしまう可能性がある、ということです。ただ、前提がひとつあります。それは、

「消齢化の進行が、社会の中で共通認識として広がっていること」

です。

もちろん現時点では、まだまだ消齢化の認識が生活者に広がっているわけではありません。ですが、第1章や第2章で取り上げた事例を見ても、「年齢が違っていても、意識や価値観、好みなどはあまり違わない」ことを示す動きが、徐々に目に見える形で広がっていることがわかります。

また、私たちが講演会などで消齢化に関するデータを紹介する際には、感想として「なんとなく気づいていた変化について、生活総研のデータではっきりと示してもらった」という反応を非常に多くいただきます。言葉には出さないまでも、世の中に消齢化を感じと

っている人たちは、少しずつ増えているのかもしれません。

この先消齢化の動きがさらに顕著になるにつれて、「年齢が違っていても、意識や価値観、好みなどはあまり違わない」とか、「年齢に紐づく〝らしさ〟は薄れつつある」という認識は、「なんとなく」の域を超えて、**生活者の中に広がっていくだろう**と私たちは考えています。

そうして、生活者が自分たちの社会を「消齢化社会」であると認識し、積極的に向きあうことで、個人個人の生き方には、次のような４つの変化が現れてくると考えられます。

①生き方の〝脱デモグラ〟が加速する

第２章でも触れたように、これまでの社会では自分の年齢に囚われずに生きられる人は限られていました。ほとんどの人は多かれ少なかれ、世間の目もあり、「年相応」や「適齢期」を意識しながら生きることが当たり前だったかと思います。しかし消齢化が進むことで、これまで多くの人が頭の中で抱いていた「若者はこういうものだ」とか「何歳くらいになったらこれをするものだ」という年齢に紐づく「らしさ」のイメージは弱まっていきます。

過去には存在したかもしれない典型的な若者像、中年像、高齢者像は、もはや現実にはいないのかもしれません。自分が勝手に頭の中でありもしない「年相応」を作り出していただけかもしれない。そんな生活者の気づきはやがて、「年齢や与えられた属性に縛られず、もっと自由に生きてもいいんだ」という性別や年代などの「デモグラフィック特性（デモグラ）」に囚われない、「生き方の脱デモグラ」の意識を加速することになるでしょう。

②個人の属性は、気分で変えながら生きる時代へ

「生き方の脱デモグラ」が進んだ未来では何が起こるでしょうか。思い浮かぶのは、「年相応」の縛りが外れたことによって、ライフコースやライフステージが年齢からどんどん乖離（かいり）したものになっていくことです。

何歳からでも新しい仕事や学び、新しい趣味、新しい土地での生活に踏み出すようになるでしょう。そうなると、たとえば「歳の差婚」は珍しくなくなり、特に話題に上ることもなくなるでしょう。本格的なリスキリング時代の道が開かれて、学校では20代から60代までが机を並べ、「歳の差クラスメート」も日常風景になりそうです。

ただ、「生き方の脱デモグラ」は、単純に「生きる上で年齢を意識しない」ことにはと

どまりません。

年齢をはじめ、性別などの個人の属性は「固定」のものではなく「可変」なものへ。さらに高度化が予想されるアバター生成技術なども駆使しながら、生身の自分だけでなくデジタルの自分も含めて、年相応ではなく気分相応で、老若男女を柔軟に切り替えて生きる時代の到来です。

メタバースと呼ばれるバーチャル空間は「消齢空間」としての色彩を強め、与えられた属性から逸脱したい生活者の新たな生活拠点として存在感を増していくでしょう。

ひとつ、興味深い外部データをご紹介します。2021年に日本や海外のVR利用者約1200名を対象に実施された「ソーシャルVR国勢調査2021」によると、現実世界で肉体的には男性として生きている人たちの約8割が、バーチャル世界では女性として活動をしているそうです。年齢については調査が行われていないので不明ではありますが、「個人の属性は可変である」ことが鮮明に表れているように感じられます。

③消齢化で「実質年齢」への関心が高まる

個人の生き方について起こるもうひとつの大きな変化は、「年齢」の捉え方です。前述のように、これまでは個人の年齢とライフステージのリンクは強く、また健康度合いとの関連も比較的はっきりとしていました。それはつまり「実年齢」が生き方や健康を考えるための基準、拠り所として機能していたということです。しかし消齢化がさらに進むことで、基準としての実年齢の意義は薄れていくことが予想されます。

実年齢にかわって重視されるのは、肉体年齢、肌年齢、精神年齢など、フィジカルやメンタルが実際にどの程度の状態なのかを測定して算出される「実質年齢」です。

未来の生活者は所与の実年齢ではなく「実質年齢」を基に、自分が現実的に何歳相当なのか、何歳でありたいかを意識して、人生の目標を立てたり、健康ケアをしていくことになるでしょう。

④「実質年齢」基準で生き方の再編が始まる

生き方の基準は「実年齢」から「実質年齢」へ。そんな生活者の変化を後押しするように企業の動きも活発になると思われます。

体力や脚力、腕力、視力というフィジカル面をはじめ、記憶力、判断力、自動車の運転力などなど……、およそ「〇〇力」という言葉で言い表される様々な事柄について、自分が何歳相当なのかを測定してくれるサービスが充実していくのではないでしょうか。丸1日かけて医療機関に滞在し、あらゆる角度から実質年齢を測定してもらう「実質年齢ドック」を受ける人たちも増えそうです。

実質年齢測定の充実に合わせて、その活用先も広がっていきます。生活者は、企業や医療機関、行政が発行する「実質年齢証明書」を、新たな資格のように活用し、様々なサービスを利用することになるでしょう。たとえば、実年齢ではなく体力や免疫力などを基にした健康年齢を基準に保険料を決める「実質年齢保険」。状況によっては保険料が大幅に安くなるため人々の支持を集めます。

また仕事についても、就職や定年時期を実年齢で判断せず、実務能力面の実質年齢に切り替える企業が増えるなど、「節目の実質年齢化」も、いろいろな分野で進んでいくかもしれません。定年制度の廃止に踏み切る企業は日本ではまだまだ少数ですが、そのあたりの潮目も今後変わってくるのかもしれませんね。

【未来仮説2】消齢化で「人との関わり方」が変わる

「4つの領域」の2番目に取り上げるのは、人との関わり方についてです。

先にお伝えした有識者の方々とのディスカッションでも、常見陽平さんが「消齢化は、手をつなげるポイントがこんなにあったんだ、と認識できるきっかけになる」と語っていたように、人間関係やコミュニティのあり方への影響を指摘する意見は少なくありませんでした。私たちの研究所内でも、このあたりは議論が盛り上がり、関心が高かった部分でもあります。消齢化が進むことで、他者との関わり方はどう変わるのか？

私たちは次のような4つの変化が現れてくると考えました。

①「わかりあえる」が生活者同士の共通認識に

消齢化は、生活者同士の認識の仕方に影響を与えます。ここまで見てきたように、ひと昔前と比べて様々な領域において、全年代的に価値観の違いはだいぶ小さくなっており、その流れは今後しばらく継続します。もちろん一人ひとり細かくは意見の違いがあると思いますが、とはいえ重要なのは「自分もほかの人も、〝基本的な部分で〟考えはそれほど離れてはいない」という共通認識、「手をつなげるポイントがあるんだ」という認識が持ちやすくなることです。それが人間関係の構築にポジティブな影響を及ぼすことは、言うまでもありません。

昨今ではインターネットの発展に加え、コロナ禍における生活という特殊な環境が続いたことも相まって、直接顔を合わせないまま他者とコミュニケーションをとる機会が飛躍的に増加しています。

ややもすれば誤解やすれ違い、不信が高まっていきそうなコミュニケーション環境になっているとも言えますが、「自分も相手も、大きなところで考えは変わらない」というベースの意識を持つことができれば話は別です。顔が見えない相手とも建設的に議論しやすくなったり、これまでは勝手に隔たりを感じて敬遠していた他年代の人たちとも関わりやすくなったり。見知らぬ他人とは、「わかりあえない」ではなく「わかりあえる」を基盤とする、新たな人間関係が広がっていきそうです。

②対話を促す仕組みづくりが活発に

「見知らぬ人ともわかりあえる」という認識は、他者への関与の姿勢を少しずつ積極的なものへと変えていきます。普段関わりのない相手や、幅広い人たちと交流することが、個人の楽しさだけでなく、コミュニティの課題解決にもつながる。消齢化がそんな考えを後押しし、社会における人の交わりを活発化する仕組みづくりが進んでいくでしょう。

「100人でシャッフル居住」や「ディベート居酒屋」など、通常のサービスに「出会い」「交流」「対話」の要素をプラスした新たな取り組みが、その動きを後押しします。どちらかというと内向的で、相手に対してはじめの一歩が踏み出しにくいイメージの強い日本人ですが、ルール化・仕組み化することで最初のハードルを越えやすくしてしまえば、あとは案外うまくいくのかもしれません。

最近の実際の事例としては、「くじ引き民主主義」という方法が注目されています。行政が老若男女問わず市民からくじ引きで無作為に代表者を選び、市政について議論してもらう。地方自治の「自分ごと化」を促す取り組みとのことですが、選ばれた高齢者も若者も、非常に率直で、有意義な対話ができるそうです。消齢化が進むことでこうした仕掛けにもさらに関心が集まってくると思われます。

また、離れた年代同士の対話や協働を促すようなコミュニケーション上の工夫も、随所で起こってきそうです。相手への敬意とフレンドリーさを同時に表す「タメ敬語」が使われだしたり、「青二才」や「年寄り」などの「歳の差ワード」の禁止が社会のルールとして浸透したりするかもしれません。

③重みを増す、「真ん中」の人びと

人との関わり方については、もうひとつ「コミュニティの重心」の変化も重要なポイントです。これまで、生活者の特徴が年代ごとにみえやすかった時代には、年代の両端である若年層と高齢層の意識や価値観はかけ離れていました。かつ、それぞれの特徴が語りやすかったためにことあるごとに注目を集め、その動向が大きく取り上げられることになりました。「ゆとり世代」や「Z世代」、「アクティブシニア」のように固有名詞を与えられ、人びとを牽引する存在として語られるのは、主に両端に位置する生活者だったのです。

しかし、消齢化が進んでいくとどうでしょうか。第1章や第2章で紹介した消齢化のグラフの形を見ると一目瞭然。若年層と高齢層の折れ線が接近するその中心には、必ずといっていいほどミドル層が位置していることがわかります。すなわち、消齢化が進めば進むほど、真ん中に位置する生活者の意識や価値観が、ベンチマーク（基準点）としての重みを増してくるということです。

そして、この両端の特性を持つ生活者同士が対話をし、コミュニティ内で価値観を共有するためには、年代だけでなく価値観や立場における「真ん中」の重要性も増してきます。両端の文化を柔軟に理解してお互いが理解しやすい形で伝えていく、いわば翻訳者のような存在です。ミドル層に限らず若者であってもシニアであっても、このような「真ん中」としての性質を持つ人が触媒となって、コミュニティ内のコミュニケーションを後押しすることが非常に効果的だと考えられます。

④「ミドラー」が躍動する社会へ

消齢化によってコミュニティの牽引役は「両端」から「真ん中」へ。これまで埋没しがちだった中年の生活者にとっては、ミドル層の復権とも言える朗報です。代表性の高い意識の持ち主として、単なる「中間管理職」にとどめることなく40代の間だけ役員を任せる「重役ミドル制」のような柔軟なルールを敷き、円滑な組織運営を図る動きも生まれるかもしれません。

また、年代関係なく柔軟で中庸的な価値観を持ち、コミュニティの「真ん中」に位置する人々を「ミドラー」と仮に呼んでみると、「触媒ミドラー」としてコミュニケーションの要となり、地域や企業のキープレイヤーになることでしょう。会議の場などで両端の価値観を翻訳して共有していく「ミドラースキル」も、リーダーとなる人の素養として重視されるようになるかもしれません。

【未来仮説3】消齢化で社会構造が変わる

「4つの領域」の3番目は、社会構造についてです。社会構造そのもの、あるいはその捉え方がどんなふうに変わっていくのか。私たちは次の4つの変化の可能性を考えました。

①社会全体で進む「デモグラ離れ」

これまで、生活者の性別や年代などの「デモグラフィック属性」は、数的に把握しやすくわかりやすい属性として、広く社会で利用されてきました。「若者の特徴」や「50代男性の特徴」など、デモグラに基づいて生活者の動向を語る動きは、日々の会話のネタからメディアが報じる情報、企業のマーケティング資料の中などに数限りなく登場します。

しかしこの先消齢化が進み、それに加えて人口減少も続いていくとどうでしょうか。デモグラによって生活者を細かく区分して社会を把握することの有効性は、少しずつ薄らいでいくことになります。

また昨今、採用のための履歴書から性別や顔写真の欄をなくす企業が、徐々にその数を増していきます。このように、ジェンダーレスをはじめとする、個人の身体属性に基づいて人を区分することへの倫理的な反発も相まって、社会全体の「**デモグラ離れ**」が今後さらに加速することになるでしょう。

②捉え直しの好機がやってくる

これからの社会構造は「小さな群」ではなく「大きな塊」へ。これがひとつのキーワードになります。「脱デモグラ視点」で社会全体を見つめ直したほうが、課題を機会に変えるきっかけにつながって有意義だ。そんなふうに実感する局面が、世の中全体でますます増えていくことが予想されます。

たとえば、規模の縮小に悩む商品のマーケットにしてみれば、「大きな塊」とは「新たなマス」を発見するチャンスでもあり、人口減少に直面するコミュニティにとっては、「大きな塊」とは「大きな同じ」に着目して人々のリレーションを拡大し活性化するチャンスである、とも捉えられます。**生活者全体を広く捉え直し、需要を持つ人や課題を抱える人を新たに割り出す**「再集計ブーム」が民間でも行政でも活発化するかもしれません。

③地域格差は緩和に向かう

消齢化は、地域社会のあり方とも無縁ではありません。

総務省「人口推計」によれば、各都道府県の令和3年時点の高齢化率は、最も高い秋田県で38・1％、最も低い東京都で22・9％と、15ポイントもの開きが生じています。地域住民に占める若者や高齢者の割合は都道府県によってまちまちであり、それが産業や市街地の活性化度合いをはじめとする、様々な「地域格差」につながってきた面があります。

しかし消齢化が進むことで、この状況にも変化が訪れる可能性があります。たとえば、先述の個人の生き方の部分でも触れた「実質年齢」が表面上の年齢よりも若い生活者が、日本各地で増加していけば、高齢化による地域格差を緩和する動きにもつながりそうです。

もちろん、見た目上の高齢化率は変わりません。ですが、「若者が減っている」とか「高齢化が深刻で……」という悩みが深刻化する一方だった自治体にとっては、社会を捉える視点を変えることで「高齢層のなかにも実質的には〝若者〟のような人たちがたくさん見つかった！」など、新たな機会を見出す明るい兆しになりうると思います。

④地域の「同じ」に着目した動きが加速する

消齢化が進み、さらに「実質年齢」でみた各地域の人口構成のばらつきが緩和されていけば、人との関わりと同じように、**地域同士の関わりにも転機が訪れる**ことが予想されます。

つまり、地域間がそれぞれの「差」を追求して競いあう発想から、地域同士の「同じ」に着目した結びつきへの発想転換です。地域コミュニティ同士の協調が活発化し、たとえば、自治体が同じ強みを束ねてアピールする「同域連携」や「合同ふるさと納税」など、既存の枠組みを超えた新たな試みが各所から出てくるかもしれません。

各地域の居住者にとっても、「あの地域も、自分の地域も、そこまで状況は違わない(はず)」と、心理的なハードルが下がることで地域をまたいだ人の移動は活発になるでしょう。季節や目的に合わせて好みの居住地を転々とする「アラカルト移住」のような、新しい住み方も現実味を増してくるのかもしれません。

【未来仮説4】消齢化で市場が変わる

さあ、「4つの領域」も、残すところあとひとつとなりました。

最後は、市場についてです。企業のマーケティング活動にも直結する領域であり、関心が高い読者の方も多くいらっしゃるかと思います。消齢化によって市場にどんな変化がもたらされるのか、私たちは次の4つの変化を考えました。

①有効性を増す「タテ串」の発想

日本が消齢化する前、年代によってライフステージも好みも違いが目立っていた時代。商品ポートフォリオの構築は、下の年代から上の年代までターゲットとなる生活者を積み上げ、それぞれを横に切り分けて、各年代層にフィットする商品を当て込むという、いわば「ヨコ串」の発想によって行われていました。

そしてそれは、非常によく機能していました。

企業側は、この年代には商品A、その上の年代には商品B、さらに上には商品C……、と段階的に商品を配置しておく。生活者は自分の年齢が上がり、ライフステージがシフトしていくのに従って、商品Aから商品B、さらには商品C……、という具合に「年相応」な商品の階層を辿っていく。そんな「ヨコ串」発想のマーケティングの図式が当てはまりやすかった時代は、たしかにありました。

しかしこの先、消齢化によって各年代の好みや関心の違いが小さくなっていくならば、年代ごとに商品・サービスを切り分けることにどれだけの効率性が見込めるのでしょうか？　むしろこれからは、「この製品は若者向け」などとデモグラフィック属性を絶対視することなく、思い切って**複数の年代を一気通貫して考える「タテ串」の発想こそが、有**

効性を増していくといえるでしょう。

ひとつの年代の中では少数派だと捉えられてしまう意見や趣味・嗜好も、年代の壁を取り払えばひとつひとつの大きなまとまりになり、新たな市場となるかもしれません。

②商品戦略の「タテ串」再編が始まる

「タテ串」の発想に立って市場を再考すると、様々なものが変わってきます。

たとえば、店舗やモールのフロア構成も、性年代に依拠したゾーニングから脱した「タテ串フロア」が増加。さらに「親子コーデ」「母娘旅行」など2世代を対象としていた消費も、祖父母・親・子どもまでを一気に貫いて「3世代消費」や「3世代シェア」を狙える余地も大きくなっていきそうです。

個々の生活者に向けても、ひとつの商品に若年時から触れてもらい、老齢になっても使い続けてもらう「超ライフ・タイム・バリュー（SLTV）戦略」も有効性を増していくと考えられます。SLTV戦略をとことん追求するために、幅広い年代の誰もが使用する、ごくごくシンプルな機能だけに特化した「超ユニバーサル商品」への開発に力を入れる企業も増えていくかもしれません。

③商品訴求の軸足は「同じ」にシフトする

先述のように、社会構造が「小さな群」から「大きな塊」へと性質を変えていくのに応じて、市場においても、企業は商品開発や商品訴求の切り口を変えていくことが求められていくことになりそうです。つまり、生活者同士の「違い」を掘り下げて、それに合わせて細かく商品の機能価値や情緒価値を検討していくアプローチよりも、**年齢も見た目もバラバラな生活者の中に大きな「同じ」を探し出し、広く訴求するアプローチ**にこそチャンスが広がっていくでしょう。

人口減少によって、毎年緩やかにマーケットが縮小していくことを憂いつつ〝茹でガエル状態〟になるくらいならば、いっそのこと「一億総エントリー層」くらいの心構えで、生活者に向きあう大胆な発想転換が活路につながるのではないでしょうか。

もちろん「大きな塊」を狙うといっても、魅力や訴求の切り口は必ずしも「何か大きな価値ひとつ」に絞り込むことだけが有効であるとは限りません。

たとえば衣服のブランドであっても、「流行を取り入れている」「サイズ展開が豊富」「選択がしやすい」などの主要な購入理由をまとめて吸い寄せられるような、いわば**「包**

容力」を持たせたブランド設計も重要になっていきそうです。

④「同じを楽しむ」ニーズが新市場に

一方で生活者のなかにも、消齢化の進行を受けて周囲の人たちと差別化を図るのではなく、年代の異なる人たちとの「同じを楽しむ」マインドが形成されそうです。

第2章でも、幅広い年代の人たちがゲームやファッションなどひとつの物事への興味を共有する様子を紹介しましたが、そのような動きがさらに加速すると考えられます。この先の市場では、そんな生活者の「同じ探し」ニーズに寄り添う発想がますます重要になっていくと思われます。

たとえば、生活者同士が共通項を見つけやすくするために、手がかりになりそうな要素を服やメイクなどの見た目にわかりやすく盛り込んだ「記号型ファッション」。あるいは、日々のペットの散歩や読書、ジムでのトレーニングなど、日常の中でルーティン化している行動を他人と一緒に行いやすくする「ルーティンの共時化サービス」。そのような**他者との「同じを楽しむ」、「同じ探し」ニーズに応える商品・サービス**が、活況を呈することになりそうです。

ここまで、消齢化による変化の可能性を、「4つの領域」で見てきました。アイデア例の中には、現状のルールや制度では考えにくいようなものも含まれていますが、硬軟織り交ぜ、あえて幅を持たせることで、受け取る皆さんの発想を広げるきっかけになれば、と考えています。「いや、そうじゃないのでは?」「もっと、こんな可能性もあるはず!」と思ったあなた。ぜひ、あなたの未来アイデアをメモしておいてください。様々な受け止め方を含めて、未来に思いを巡らせる何らかの糧にしてもらえればうれしく思います。

【私の未来アイデア】

ビジネスパーソンは消齢化をどう捉えている？

第3章では主に〝この先〟の見通しを語ってきました。

本章の最後では、「消齢化社会」でのビジネスや社会はどう変化していくのか？　それらを考えていく上で「今、何が大事になってくるのか？」について考えてみたいと思います。

そもそも「ビジネスパーソンの皆さんは消齢化という現象をどのように捉えているのか？」、または「前提としてどんな認識を持たれているのか？」について、少しご紹介しましょう。

私たちが各所でこの消齢化について説明する際に、「この現象は、皆さんの企業や業界全体にとって、機会になると思いますか？　それとも、脅威になると思いますか？」と質問をさせていただくことがあります。

それら各所でのやり取りからこれまでに得られた回答の中から、「消齢化は機会になる」という意見と「消齢化は脅威になる」という意見、それぞれについての具体的な声を、まとめてみました。

【消齢化は機会になる】

- この年齢層には弱い、あの年齢層には強いなどの現状認識を変え、全年齢層でプレゼンスを高めるチャンスになる
- 単純に年齢で線を引くようなターゲットの区分が薄れ、新たなビジネスチャンスが広げられる
- メガヒットが生まれやすくなり収益性が高まりそう
- 特定の提案が全年齢にヒットしやすくなる
- ひとつのコンテンツでより多くの生活者に訴求できる可能性がある
- ひとつの施策に対するパイが大きくなり、集客やＣＲＭ施策などが行いやすくなる
- 年齢的な垣根を超えてユーザーの価値観を捉え、共感を生みやすくなる
- 仕事をする上でコミュニケーションが取りやすくなってチーム力が増す

ターゲットの拡大によって、ビジネスの規模が拡大したり、施策の効率性が向上したりという成長のチャンスとして捉える意見や、チーム力向上につながるなどの声も見受けられました。では反対に、脅威になるとの意見はどうでしょうか。

【消齢化は脅威になる】

- これまでの実績に基づいて年齢でのセグメントに依存しており、変えるのは難しい
- 自分たち事業者側の組織体制や意思決定が消齢化の潮流についていけなそう
- 生活者のセグメント分けができなくなり、ターゲットを絞りにくくなる
- ライフステージごとの買い替え需要が減ってしまいそう
- 「この年齢になったら、これをやろう」というきっかけづくりが機能しにくくなる
- プラットフォームを持っている、資本力がある、知名度が高い、など大手企業が優位性を増しそう
- 皆の思考が近づくと議論が起こりにくく、独自性のある考えを持つ人が減ったり疎外されたりしそう

こちらは消齢化によって、自分たちの顧客層が捉えにくくなったり、消費の停滞や独自の考えを持つ人が減ったりするなど、社会のダイナミズムが失われることを指摘する意見が目立ちました。また、今までのやり方、考え方に縛られてしまって、消齢化の動きに対

応できなそうだという声も、かなり多く聞かれました。

事業環境の変化に気づかないことはもちろんですが、変化していると理解していても、それに対して身動きが取れないことは悩ましい問題です。そして実際のビジネスシーンでは、後者の状況に陥って頭を抱えてしまっていることが案外多いのではないでしょうか。

生活者自身は消齢化に前向き?

ここでひとつ、こんなデータをご紹介します。第2章末のコラム「研究メモ①」に登場した、「違いの実感」に関する意識調査からです。

「年齢の違いが今よりも小さくなった社会についてどう思いますか?」という質問に対する答えを集計したところ、

- **「良いことだと思う」77・2%**
- **「良くないことだと思う」22・8%**

という結果となりました。「良いことだと思う」という考えが圧倒的に多かったのです。

調査した私たちもちょっと驚きましたが、実際のところ、「消齢化社会」に対する生活者自身の反応は、意外なほどに前向きなものでした。

私たち生活総研が未来仮説を立てるにあたって、こだわっている点として「前向きな変化に光を当てる」というものがあると先述しました。消齢化のみならず、世の中で何か大きな変化が起こるとき、良い影響だけしかないということはなかなか想定し得ず、ほとんどの場合には、何かしらの負の側面も伴うものです。それでも、悲観的になって立ち止まるのではなく、何か良い兆しを見つけられないか、機会を見出すことはできないか、と真剣に、かつポジティブに考える姿勢こそが、未来を探求する上で大切なことではないかと私たちは考えています。

消齢化という大きな環境変化を脅威と感じ、戸惑う気持ちももちろん理解できます。ですが大事なのは、その認識だけにとらわれないことです。そして、そこに機会を見出し、前向きに捉えるためのヒントは、案外、生活者の身近な様子の中からも得られるのかもしれません。

コラム　研究メモ②　消齢化社会の死語を考えてみる

年齢による違いが消えていき、「年相応」や「適齢期」など、年齢を理由に人を縛り付ける言葉も消えていくとしたら、いったいどんな言葉が消えゆくのでしょう？

たとえば、112ページの「未来仮説2　消齢化で『人との関わり方』が変わる」にも出てきた、【青二才】や【年寄り】という言葉。年齢を揶揄する言葉は、消えていくのではないでしょうか。同じ考え方で、【若造】や【年増】などの言葉も死語になりそうです。また、最近よく耳にする【老害】という言葉なんかも、相手を不快にさせてしまう言動をとることと年齢は関係ないという意識が広がれば、消えていくと思います。賢さや経験の豊富さも年齢に紐づくわけではないと考えれば、【年の功】という言葉は「経験の功」や「勉強の功」に変わっていくかもしれません。

このように、直接的に「若い」や「年をとっている」という意味を含む言葉だけでなく、ライフステージや「らしさ」を年齢に紐づける言葉も消えていくと考えられます。

例えば【お年頃】という言葉も、恋愛などに興味を持ちはじめる年齢は人それぞれでしょうから、死語になるのではないでしょうか。【婚期】【恋愛適齢期】なんかも、それをするのにふさわしい年齢というのを一律にくくることは難しくなれば消えていくことでしょう。

【若づくり】という言葉だって、「若者らしい化粧や服装」というものが消えた社会では機能しません。【もう○歳・まだ○歳】という、年齢を理由に諦めたり禁止したりする際の言葉を使う人も、少なくなっていくはずです。

具体例を考えてみると、

・年齢を、未熟なこと／成熟していることのたとえに使う言葉
・年齢とライフステージを結びつける言葉
・年齢で思考や行動・趣味嗜好を限定する言葉

これらの言葉は、消齢化社会では使われなくなっていき、やがて死語になるかもしれません。消齢化に際して、コミュニケーションもアップデートしていきたいところ

ですね。

ここに書ききれないほど死語になりそうな言葉がありますが、洗い出してみると、悪口のような言葉が多いのが印象的です。「若いからって……」「あんな年なのに……」と年齢を根拠にして批判してきたということから、今まで年齢というものが、価値観に大きな隔たりを生んでいたことがうかがえます。

第4章　有識者と考える「消齢化社会」

消齢化を多面的に考えてみよう

さて、ここまでの第1章から第3章まで、消齢化の発見と背景、そして未来について、データと共に解説してきました。本章では、さらに消齢化という現象を多面的に考えるべく、ビジネスの現場やアカデミックな世界でご活躍されている5人の有識者の方にうかがったお話をご紹介したいと思います。

社会学の視点からは、ここまでにも何度か登場している大阪大学大学院の吉川徹教授。エンタメ・コンテンツの視点から、集英社「少年ジャンプ＋」編集長の細野修平さん。行政や地域コミュニティの視点から、「構想日本」の伊藤伸さん。経済・マーケティングの視点から、日本経済新聞 編集委員の中村奈都子さん。広告コミュニケーションやブランディングの視点から、株式会社arcaの辻愛沙子さん。

それぞれまったく違う領域でご活躍されているみなさんですが、消齢化のデータがさまざまな分野で確認されたように、どなたも「消齢化」という現象を聞くとどこかピンとくるところがあったようです。まずは、第2章「消齢化の背景」で一部引用した、吉川さんのインタビューからご紹介していきたいと思います。

「世代論」から、消齢化の背景を深掘りする

大阪大学大学院 人間科学研究科 教授　吉川徹さん

吉川さんは、統計データから社会の構造を読み解く「計量社会学」の立場から、日本社会の階層や社会意識について長年研究されてきました。私たちが消齢化の背景を探る上でも、「世代」という観点から生活者を分析する吉川さんのお話は大変参考になりました。今の日本社会を構成する20〜60代が、なぜ年代を超えて似たような価値観を共有できるのか？　それぞれが生きた時代背景をもとに、吉川さんの考える「世代」と消齢化の関係を掘り下げて聞いてみました。

消齢化を生み出したものは「変化のない社会」

――消齢化という現象が起きている理由は何だと考えられますか。

生活総研が消齢化として議論しているのは、主に今の20代から50代までの世代の価値観が重なり合いつつある現象です。この広い世代が「大体同じような時代」を生きてきたことが、価値観が重なり合ってきた理由です。学歴を例に取ると、今の18歳の大学進学率と、彼らの親世代である40〜50代の大学進学率はほぼ同等です。今の50歳はバブル後に社会に出た世代ですから、経済成長しない停滞した日本を生きてきた意味でも若い世代と同様です。

この世代のもうひとつの特徴は、「親より上の社会階層に行く」経験をしなかったことです。例えば今の40代にあたる団塊ジュニア世代は、学歴そのものは親の世代より高かったですし、「母親はパートで働いていたけれど、自分は正規職に就いた」という人が多かったので、20代くらいまでは「親より上に行く」経験をしていました。しかし時代が悪く「ロスジェネ」にぶつかり、それより後の人生では雇用などが流動化して、経済的にも不安定な状況を余儀なくされました。

さらにその子どもの世代では、父親、母親と同じような学歴水準で、同じような就活をしていますが、はじめから終身雇用を信じず、親世代が経験してきたのと同じように転職を前提としてキャリア開発のプランを考えるようになっています。

――団塊ジュニアより前に生まれて日本が豊かになる過程を経験した世代と、停滞した時代に生まれ育ったそれより下の世代では、価値観が根本的に異なるのですね。

そうですね。野球とサッカーが違う種類のゲームであるように、そのふたつの世代はまったく違う種類のゲームの社会を生きています。

例えば団塊ジュニア以前の世代にとって、選挙とは基本的に全員投票に行くものであり、その上で「保守か革新か」を選択するゲームです。けれども団塊ジュニア以降の世代にとってはそもそも選挙に行くかどうかが選択の対象であり、その上で行ったときに誰に投票するかを選択するゲームです。同じ「選挙に行く」ことでも、これだけ違うものとして捉えられているんです。

上の世代の人たちは、「この労働組合に入っているから、憲法についてはこう考える。国際政治についてはこう考える」という集団による思考のパッケージをそのまま自分の中に持ち込んで質問に答えていましたし、投票していました。

けれどもより若い世代の人たちは思考のパッケージを持たず、多様な社会に臨機応変に対応するようになったので、例えば何かの事件が話題になると世論が劇的に動くようになりました。周りの情報に鋭く反応して判断するようになったわけですが、パッケージを持たないことには負の側面もあります。例えば20世紀にファシズムを支持した大衆も、情報に従って彼らなりに判断をしていたことに違いはありません。「戦前生まれの世代」の人たちは、決まった思考のパッケージを持っていて常に同じ答えをする典型です。世代が下って団塊の世代になると、「今の時代の中心」を探して合わせるようになりました。団塊の世代は、世論が「夫婦別姓が当たり前になったよ」と言えば夫婦別姓に賛成するし、「スマホアプリを入れるとお得だよ」と言えばスマホを勉強する、学習能力が高い人たちでもあります。

団塊ジュニア以降の世代の人たちは、上のふたつの世代とは違う時代を生きています。絶対的な価値観の軸が見えなくなり、一人ひとりが自分で判断しなければならなくなった。同じ世代にいろいろな考えの人がいてばらつきが大きく、従来の分類では上手く説明できなくなったのです。

「学歴」と価値観の関係性

――価値観の差が世代によって説明できなくなったわけですが、他にどんな軸があり得るのでしょうか。

人々の価値観の構成要素がまったく説明できなくなったわけではありません。近年「親ガチャ」といった言葉が流行ったように、今の若者は親世代から引き継がれた上下の差に強い関心を持っています。実際に、私が分析してきたなかで、最も価値観のコントラストがよく出る分け方は「大卒か、非大卒か」というものです（※著者注：このインタビュー内で、大卒とは短大・高専、四年制大学、大学院進学者を指します）。「親より上に行ける」と信じられていた時代には、大半の人が「東京に出てホワイトカラーになりたい」と思っていました。しかし現在では、三代続けて偏差値60以上の大学に行き、三代続けて首都圏でホワイトカラーとして働いているような人たちと、そういう生活とはまったく縁のない、地元で仕事をして子育てをしていくような人たちは、何世代にもわたって重なりあわない、まったく違う価値観を持った階層に分かれてしまっています。

——学歴によって価値観が分断されるのはなぜですか。

日本社会の価値観のコントラストが学歴でよく説明できるようになったのには、ふたつの理由があります。

ひとつには「他の差が縮小したことによる、学歴の不戦勝」という状況があります。「生活定点」調査の結果に表れているように、近年になるにつれ生まれた年代による価値観の差は縮小し、職業が流動化し階級意識が薄れ、地域差も小さくなりましたが、学歴による差だけは依然として残っているのです。

かつては大学進学者（ここでは4年制大学および短期大学への進学率）が希少で、団塊の世代くらいまでは世代が下るにつれて大学進学率が高くなっていましたから、かつて「世代による価値観の差」にみえていたものは、実は当時の「世代による大学進学率の差」によって強調されていた面もあります。

——なるほど。以前は社会が豊かになるにつれて全体の学歴も上がっていったんですね。

一方で、団塊ジュニア以降の30年ほどは大学進学率が劇的には変わっていないため、今の若者にとっての「偏差値60くらいの大学卒」が持つ意味は、彼らの親にとっての意味とほとんど同じです。このように団塊ジュニア以降の世代は、年齢を超えて「学歴」のイメージを共有していますから、それだけ「学歴」が持つ意味が明確になっている。これが学歴で価値観の差をよく説明できるふたつめの理由です。

もちろん、近年では雇用の不安定化もあり、「いい大学に行く」ことは「これを持たせておけば一生安心」という通行手形とは言いがたくなっています。

しかし、だからこそ「うちは余裕がある。役に立つかもしれないからこの子はいい大学に行かせよう」と言える家と、「そんな余裕はないし、大卒の学歴があることで自分が望む仕事に就けるわけでもないなら別にいらないだろう」と言ってしまう家には、世代を通じて再生産された価値観の違いがあります。

たとえるなら、学歴は「自動車の免許」に近いものと言えるかもしれません。都会暮らしでは自動車になんか乗らないから、べつに免許を持ってなくても問題ないでしょうが、時間とお金に余裕のある家に生まれ育った人は、「とりあえず免許を取っておくか」と言って学生時代に取得して、ペーパードライバーのままでもべつに「損した」とは思いません。

一方で、家計が苦しく免許を取るのに必死になってバイトしないといけない人が、「自動車を運転できたって仕事に就けるわけじゃないから、元が取れない」と考えて免許を取らないままでいると、余計に機会が減ることになります。私は、この構造こそが今の教育格差の本質だと思っています。

日本社会の強みは「上質なフォロワー層」

——消齢化は、日本の社会にとって機会なのでしょうか、それとも脅威なのでしょうか。

これは私の持論ですが、価値観の世代差がなくなっていくのは「いい社会」なのではないでしょうか。例えば会社のなかで、転職への希望や男女雇用参画の方向性、有休や育休の取得について、立場の異なる広い世代が価値観を共有しているのは望ましい社員構成であるといえるはずです。

それは、これまでマーケティングで使われてきた「セグメント」という考え方が有効性を失った社会でもあります。戦後日本社会は長らく、価値観の差を利用して商品をつくったり、社会や政治を動かしたりする「セグメントの社会」でしたが、今回の調査は「セグメントの社会」の終わりを捉えたわけです。

日本社会の表面に分断が現れている「怖い社会」に到達しなかったことを、私は好意的に捉えています。スラムのように街のなかにはっきりとした分断線があったり、公共交通機関の乗り方に分断線があったりする国が世界には存在しますが、日本はそのような「分断」ではなく、価値観や格差を多様性として受け入れることができる「差異化」の社会になりました。

たとえるなら「子どもを持つ」というひとつの価値観に全員が収斂していた時代から、それに囚われず「子どもを持つ人もいるし、持たない人もいる」といろんな価値観を持ってもいい時代になったことは、むしろ「いい状態」と捉えていいはずです。

――消齢化と同じ現象は、日本に限らず近代化した社会では起こるものなのでしょうか。

「世代によって価値観に差がある」という議論の枠組み自体、産業化・近代化というコンセプトを前提にした、パラダイム（時代特有のものの見方）でしたが、先行して産業化・近代化したヨーロッパ、アメリカ、そして日本では、社会学的にはそれ自体が終わりつつあるように思います。

中国も近年産業化・近代化が進んでいますが、日本と大きく異なるのは、20代の若者は豊かな中国に生まれ育ってきましたが、彼らの親世代にあたる40〜50代が子どもの頃の中国はまだ貧しかったことです。若者の親世代を50歳とすると、彼らが生まれた時期は日本なら高度経済成長期の終わりにあたりますが、中国なら文化大革命の最中ということになります。この世代差が中国社会の活力になっている部分もあるように感じます。

――世代による価値観の差がなくなったことで日本からダイナミズムが失われた面があるとしたら、これからの日本はどういう強みを活かしていったらいいのでしょうか。

私はボトム層のクオリティの高さ、「上質なフォロワー」で構成されていることが日本社会の強みになると思っています。学歴と意識の高い層が引っ張っていくことに期待するのもいいけれど、ほかの国と比べてボトム層のクオリティが高く、何にでも対応できる人たちで構成されているからこそ、インフラの変化や商品の変化に社会全体で柔軟に対応できてきたことを、もっと評価すべきです。

特に今の若い世代は、介護・福祉の仕事にも抵抗なく入っていけるし、年金の負担についても当たり前のこととして受け入れています。仮想敵を設定して「この敵に対抗する私たち」という立ち位置で集団化するようなこともありません。その意味で、現在社会に参入しつつある世代は、昔の若者と比べて高いリテラシーと判断力を備えています。

各人が多様な価値観を保ち続けたまま、平均を取ると世の中のど真ん中の辺りに位置づけられるような傾向はこの世代の「元気のなさ」ともいえますし、穏やかなフォロワー気質から、世論が支持しているものをなんとなく追認してしまう危うさも持っています。それでも集団としてひとつの方向に走らない多様性は、賢明さや聡明さといえるでしょう。

世代全体を見ると標準的な価値観を持っているようにみえつつも、内実としては多様なばらつきを持っているという若い人たちが社会に参入してくる傾向は、これからさらに強くなるでしょう。今のうちから「世代内に多様なばらつきを持ったまま世代間の違いが消えていく社会」を先取りして想像しておくと面白いかもしれません。

吉川徹／大阪大学大学院人間科学研究科教授。静岡大学助教授、大阪大学大学院准教授などを経て、2014年から現職。計量社会学を中心にした様々な研究業績のほか、『学歴分断社会』（筑摩書房、2009年）、『日本の分断：切り離される非大卒若者（レッグス）たち』（光文社新書、2018年）など一般読者向けにも著書多数。

「描きたい」と「読みたい」が循環する、マンガのプラットフォームへ

集英社「少年ジャンプ＋」編集長　細野修平さん

さて、次はエンタメ・コンテンツ業界の有識者のインタビューをご紹介します。2014年に「週刊少年ジャンプ」発のマンガアプリとして創刊され、『SPY×FAMILY』『怪獣8号』『タコピーの原罪』など数々のヒット作や話題作を放ってきた「少年ジャンプ＋（プラス）」。私たちは、その編集長である細野修平さんにお話をうかがいました。

マンガという分野において、消齢化はどのような影響を及ぼしているのでしょう？　読者をはじめ作品の内容や作り手たちの意識は変わりつつあるのでしょうか？　入社以来一貫してマンガ制作に携わり続けてきた細野さんのお話からは、幅広い年代を魅了するマンガ、そして幅広いマンガファンが集う「少年ジャンプ＋」の秘密が見えてきました。

今、ヒットマンガの火付け役は多様化している

——「消齢化」というキーワードを聞いたとき、率直にどう思われましたか？

マンガって、昔からあまりマーケティングをしないんです。編集者とか作家さんは個人で考えているかもしれないですが、「週刊少年ジャンプ」や「少年ジャンプ＋」では「こういう流行りがあるから、それに沿ったマンガを作ろう」というのを編集部単位で考えることはありません。だから、（読者層の）年齢というのをそこまで意識していないんです。

ただ、少年誌なので少年層に向けてマンガを作っていましたし、経験値的なことでいうと、少年層に向けてマンガを作っていくとヒットすることが多かった気はします。マンガだけじゃなくどの業界でも言えることかもしれないですが、若い人に受け入れられないと将来的にそのコンテンツは衰退してしまうという危機感もあるので。少年層から年齢に関係なく広がったら、本当にヒットしたってことなのかなと思っています。作品が消齢化すればヒットしたっていうことなのかもしれないですね。

――なるほど、以前は「少年層に向けてマンガを作っていくと、ヒットすることが多かった」。では最近の傾向は、どうでしょうか。ヒットの着火点となる層が多様化した、ということはあるのでしょうか？

それは感じますね。いろんなタイプのヒットがあると思っています。それぞれの作品ごとのファン層は、「週刊少年ジャンプ」よりも「少年ジャンプ＋」のほうが幅広いかもしれません。ウェブなので、いろんな人がいろんなところからアクセスできるし、自分の好きな作品だけを読めるということも関係あるかも。そこで小ヒットみたいな形になって、そこからどれくらい拡散するかが、ヒットの大きさのカギになるのかなと思います。紙の単行本の発行部数で単巻100万部を超える『SPY×FAMILY』のような作品になってくると拡散力が本当に強く、年齢を超えて広がっていると感じています。

読者を細かく分析できるのがデジタルの強み

――まずは深く刺さる人に刺さり、そこから広がっていくんですね。

そうですね。冒頭で、「マンガはあまりマーケティングはしない」と言いましたが、読者の分析はしているんです。最近は「少年ジャンプ＋」を読んでいる層の中から、いいリアクションをしてくれる人たちを探れたらいいなと思っています。「この人たちの動向を追っていれば、いいマンガが見えてくる」みたいなことがわかれば、その反応を参考に作品を作っていくということもできますよね。参考にすべき人たちはまだはっきり定まってはいないのですが、年齢や性別などは関係ないのかなと思っています。

「少年」は取る？　残す？

──「『少年ジャンプ＋』のマンガを読んでいるのは少年層だけではない」ということは実態としてあると思うのですが、「少年ジャンプ＋」から「少年」というワードを取る・取らないという議論はあるのでしょうか？

「少年ジャンプ＋」では、その議論は時々ありますね。「少年ジャンプ＋」には幅広いマンガが載っていることもありますし、「少年」と冠していると女性読者を排除する印象になってしまうのではという懸念もあります。ただ、「週刊少年ジャンプ」の系譜であるというのは読者に伝えたいことでもありますし、たびたび議論には上るものの、しばらくは今の形でいこうと。

「描きたい人」が集まる場所から、作品・作者が多様化した

――「少年ジャンプ＋」に紐づくマンガ投稿・公開サービスに「ジャンプルーキー！」があります。「ジャンプルーキー！」には、「少年ジャンプ＋」の「インディーズ連載権」をかけた「連載争奪ランキング」という企画がありますよね。マンガを描きたい人にとっては、「週刊少年ジャンプ」よりも手が届きやすいというか、応募しやすいようなイメージがあります。

なぜ、これを作ったかというと、「ジャンプルーキー！」を運営し始めてから、マンガ投稿者の一番の関心は「自分のマンガを多くの人に見てほしい」ということだと気づいたからなんですね。つまり、編集者と頑張って打ち合わせをして、自分のマン

ガを商業誌の誌面に載せたいという人もいれば、そうじゃない人も結構いるということがわかったんです。そこで「マンガを描きたい人が、編集者の干渉がなく自由に掲載できる場があったらどうなるんだろう」と思って、始めてみたんです。すると結構な数の応募が来て、今も毎月たくさんの作品が競っています。

——投稿者の方の年齢層に、何か傾向などはありますか？

「ジャンプルーキー！」も「少年ジャンプ＋」も、作者の年齢層は広いですね。「週刊少年ジャンプ」は、漫画家を目指す若い人がチャレンジするもの、というイメージがあると思いますが、「少年ジャンプ＋」はそうではないと認識されている気がします。実際にもその通りで、別に何歳だろうが、面白ければいいと思って掲載しています。

作品のテーマという面でも、「少年ジャンプ＋」のほうがより自由度があるとは思います。例えばちょっとマニアックだったり深かったり、絵が個性的だったりという作品も、面白ければ掲載してみようという雰囲気がありますね。

——読者からすれば幅広いジャンルのマンガを楽しめ、描き手にとっては自由度の高い作品も受け入れてくれる場となっている、理想的なプラットフォームですね。「面白ければ載せてみよう」という「少年ジャンプ＋」の器の大きさは、消齢化の時代にもフィットしている気がします。

自分自身の関心ごとを描く作家さんが多いので、かなりテーマは幅広いです。作品の良し悪しはもちろん判断しますが、「テーマ的に時代に合ってない」みたいなことは一切言いません。例えば、少女とおばあさんの友情を描いた『クリスマスデストロイヤー』（桐島由紀）や、少女マンガ的なテイストがある連載作品『正反対な君と僕』（阿賀沢紅茶）など、少年誌にはなかったようなテーマや作風のものも多いです。

表現の「わかりやすさ」とヒットの関係

——多様な作家・多様なテーマが集まってきているんですね。そういった中でもヒットするマンガって、やはりなにか特徴があるのでしょうか？

より多くの読者を獲得するという視点では、作品の可読性が高い、情報が伝わりやすいという要素は関係してくるかもしれません。読みやすいマンガは、読者層が広いと思います。例えばコマ割りがシンプルであるとか、スムーズに文字が読めるとか、ストーリー全体でみると情報を出す順番やスピードがちょうどいいとか、単純なことなんですけど。意外とできてないマンガが多いです。例えば『DRAGON BALL』（鳥山明）は読みやすさの権化みたいな作品ですね。『SLAM DUNK』（井上雄彦）も、当時はメジャーではなかったバスケを描写しているのに何が起こっているかわかりやすく読みやすいです。

――たしかにどの作品も読みやすいですし、世代や国を超えて読まれていますよね。

また別の話ですが、知り合いの60代の女性から『ジョジョの奇妙な冒険』（荒木飛呂彦）をアニメで観てみたら「わかりやすかった」という感想をもらったことがあります。マンガでもわかりやすいんですが、アニメで観ると状況や心情を全部説明していて、セリフを聞いてるだけで状況がわかるんです。「今、攻撃されている！」「これを何とかしなきゃ死ぬ！」みたいな。めちゃくちゃわかりやすいですよね。『鬼滅の刃』（吾峠呼世晴）も同じで、炭治郎が全部説明していてわかりやすいんです。『鬼滅の刃』がウケた理由は、実はそこにもあるんじゃないかと考えています。

——マンガを描くテクニックにも、さまざまなヒットの秘密があるわけですね。マンガ自体のテーマについてはどうなんでしょう。私たちが提唱している「消齢化」では、年齢を超えた「同じ探し」が、ヒット商品を作るヒントになるのかなと、考えているのですが……。

　マンガはいかに読者に「共感」してもらえるかというのがひとつの課題です。昔はいわゆる〝少年〟に共感してもらえたら、実はいろんな年代に広く届くというのが体感としてあったと冒頭で話しましたが、たとえば「友情」というテーマが何でウケるのかというと、少年にとって感じられる愛が「友情」しかないからだと思うんです。恋愛も家族愛もまだ早くて。そもそも、みんなが共感しうるテーマは、友情か、恋愛か、家族愛で、他はあまりないですね。

また、王道は受けますが、ありがちになっちゃいけない部分もあるので、共感と簡単に言いますが、すごく難しいです。『SPY×FAMILY』も家族愛という王道ネタなんですけど、家族が互いに正体を隠し合うというヒネリが加わっています。

上下関係に縛られない「送り手」たち

——では最後に、細野さん自身についてうかがいたいと思います。お話を聞いていると、「少年ジャンプ+」や「週刊少年ジャンプ」のマンガ制作の現場は、そもそも「年齢」というものにあまり縛られていないように思います。

集英社は、昔から現場を尊重しています。編集長よりも、マンガの担当編集の方が大事みたいな。消齢化とは逆かもしれませんが、ジャンプには新人を尊重する文化があります。若い作家と若い編集者が、今その世代で、そのときにいいと思うものをマンガに落とし込むと、時代にシンクロしてヒットすることがあるという。

――上下関係に縛られない送り手たちから、年齢を超えて広がるコンテンツが生まれるのは、なんだか深く関係している気がします。

役職や年齢は関係なく、うちではヒットマンガを作ってる編集者が一番偉いです。

細野修平／2000年、集英社入社。「月刊少年ジャンプ」に配属され、マンガ編集者としてのキャリアを積む。以降、「ジャンプスクエア」を経て、2012年から「週刊少年ジャンプ」に所属。2014年、アプリ・マンガ誌「少年ジャンプ+」の立ち上げに関わり、2017年から同誌の編集長を務める。

フラットな社会で広がる、マーケティングと地方社会の可能性

日本経済新聞 編集委員　中村奈都子さん

次は、消齢化が経済に与える影響について考えてみましょう。中村奈都子さんは、日本経済新聞社の記者・編集委員として活躍する傍ら、消費生活アドバイザー、キャリアコンサルタントとして活躍しています。また、ダイバーシティ（多様性）や女性の労働をご自身の活動テーマとし、「日経ウーマノミクス・プロジェクト」や大学での講演活動を行っています。

日本経済・日本社会を俯瞰的に見つめ続けてきた中村さんは、消齢化をどう捉えているのでしょう？　見えてきたのは「属性別から共感別へ」「トップダウン社会からフラット社会へ」と変化する日本の姿でした。

〝消齢化しているって本当？〟最初は懐疑的だった

——消齢化というキーワードを初めて見たとき、どう感じましたか？

正直、最初は「本当？」って思いました。なぜなら今も「Z世代、バブル世代、α世代」という言葉をしばしば目にします。「Z世代」というキーワードは2021年に日経MJのヒット商品番付で横綱になっていますし。

でも、あらためて消齢化について考えてみたとき、納得に変わっていきました。例えば自分自身のことでも消齢化の現象が起きていることに気づいたんです。ひとつは、息子の同級生（21歳、女性）の誕生日を、私を含めたママ友5人でお祝いしたこと。親世代の私たちが主催した誕生会で、年齢に関係なくコスメや海外旅行の話題で盛り上がりました。

もうひとつは、私自身が地方の在り方に興味を持ち、4月から大学院に入って20代をはじめ、さまざまな年代のクラスメートと一緒に観光学を学んでいることです。世代や年齢を意識せず、同じ学生として「オンライン授業ってどうやるの？」「履修登録はもうやった？」なんて聞きながら楽しく学んでいます。服装もスーツにヒールじゃなく、ジーンズにスニーカーで行っちゃおうかな、なんて。サークル勧誘が盛んだったりと、久しぶりのキャンパスライフはとても新鮮でいい雰囲気。若い人との交流が自分の刺激になり、価値観が広がっていくのを感じています。

マーケティング領域での消齢化

――消齢化は、マーケティングの領域でも見られますか？

マーケティングの世界ではまだ世代論が存在しますが、消齢化と捉えられる事例もいくつかあります。

例えば、大谷翔平選手を起用した広告で一気にヒットしたコスメデコルテの美容液。コスメデコルテはコーセーの中でもトップブランドですが、高価格帯のためその人気は美容好きの方が中心という印象が個人的にはありました。その広告に、大谷選手が起用された。今までの購買層から、年齢も性別も飛び越えて老若男女から支持されるようになり、コスメデコルテは新しいファンを獲得したんです。ブランドのイメージも、ジェンダーレス、ジェネレーションレス（世代不問）へと一気に変わりました。

ここ数十年で2回くらい「男性化粧品が来る！」という記事を書いた記憶がありま

す。実際に化粧品メーカーが「for men」として黒いボトルの基礎化粧品を発売したり、メンズコスメブランドやショップがいくつか立ち上がったりしました。でも、いまひとつ売れなかった。

それに対し、大谷選手の美肌を前面に出したコスメデコルテは爆発的にヒットしました。つまり、「男性化粧品」と銘打ち、パッケージを男性仕様にして売り出す必要はなかったのではないか、男女別マーケティングは不要だったのではないか、と。実際、無印良品やユニクロはジェンダーやジェネレーションなどの属性色はあまりなく、幅広い層に支持されています。

――なるほど。しかし一方で、「幅広い層をターゲットとし、いいものを作れば売れる」という時代でもありません。

そうですね、そういう意味で現時点においてもマーケティングはとても重要です。しかし、そのターゲティングは「属性別」ではなく「共感別」になるのではないでしょうか。「個人それぞれが共感できるブランドを支持する」「自分の世界観や価値観、生き方にフィットするブランドを支持する」ということです。そしてそこには、多様性のあるコミュニティが生まれる。例としてはクラシコム、ミルボンが挙げられます。

2022年に上場したクラシコムは、北欧の魅力に共感する人たちのコミュニティを作り上げ、支持を集めています。北欧の食器や洋服を売るだけにとどまらずドラマやポッドキャスト、映画を制作するなど、一貫した世界観（ライフカルチャー）を発信するプラットフォームとして機能しています。そこには確かなストーリー性があり、その物語に共感する多様な人たちのコミュニティが確立されています。

ミルボンのオージュアは「パーソナルヘアケア」を謳い、多種多様なヘアケア製品をヘアサロン経由で届けているブランドです。数十種類のシャンプー、トリートメント、マスクなどを取り揃えていて無数の組み合わせがあるため、お客さんは担当美容師のカウンセリングを受けて「あなたの髪にはこれがおすすめですよ」と提案を受けます。商品は多様ですが、美容師に選んでもらって買う行為という「大きな同じ」に集約されています。ヘアサロンでは美容師と数時間おしゃべりしながら過ごし、その中で髪や美容の悩みについて語り合って信頼関係を築ける。「さっきの話からすると、あなたにはこれがおすすめです」と言われたら説得力がありますよね。これも「共感別」マーケティングの一例だと思います。

消齢化の時代に求められるストーリー性

――「属性別」のマーケティングが通用しない時代、企業に必要なものとは？

今、企業にはストーリー性が求められています。明確なパーパスに沿って、自分たちが何を大切にし、何を目指しているかを深掘りして発信していく必要があります。企業自らが自分たちのストーリーを語り、生活者に対して「物語の続きを一緒に作っていきましょう」という姿勢を見せることがとても重要です。生活者はその姿勢に共感し、ファンとしてコミュニティに参加してくるのだろうと思います。

企業が「こういう商品を作りました」「こういう人に向けて売っていきます」と打ち出してそれに生活者が従うという時代は終わり、企業が生活者とともにフラットな関係の中で新しい商品やサービスを作り上げていく時代になってきているのでは。それが消齢化時代のマーケティングではないでしょうか。企業と生活者が一緒になって「したい」や「できる」を増やしていくという在り方が求められています。

――企業と生活者の関係はフラットなヨコのつながりになっていく、ということでしょうか。

そうですね、その流れは「トップダウン社会」から「フラット社会」への転換ともリンクしています。戦後から高度成長期に確立した「トップダウン社会」による成長戦略が崩れ、「フラット社会」へと変化してきました。気候変動による災害、感染症の流行などで不安定さが増す現代、誰か一人の優秀な人が完全解を導き出せるものではなく、みんなで話し合いながら正解を探っていくしかないわけです。フラット社会の象徴がインターネットで、誰もが同じように発言し影響力を持つ。デジタル社会では若者の力が強いので若い人から教えてもらうことも多いですよね。世代にとらわれず、フラットに議論できる環境ができつつあります。

企業と生活者も「作り手と買い手」というタテの関係（主従）ではなく、一緒に次の世界を作り上げていくヨコの関係（仲間）へと変化しているので、これにうまく対応できる会社が成長していくと思います。このとき、企業やブランドに共感してくれるファンというのは必ずしも属性で区別できません。だからこそ多様なファンとともに新しい価値を創造していく必要があり、作り手にも多様性が求められています。

――中村さんは、教育の場もフラットであるべきだと思われますか？

日本人はものすごくトップダウン社会が好きなので、先生と生徒、先輩と後輩といった上下関係に安心してしまうんですよね。でもそのままだと、男性が上で女性が下、年配が上で若者は下という既成概念から抜け出せません。

教育の場は人が最初に触れる社会であり、人間形成に大きく影響を与えます。だからこそフラットな世界であってほしいと思っています。そのためには企業など外部の人を講師に入れること。学校教育に多様性が生まれ、フラットに学び合うことができれば、日本の社会は大きく変わるはずです。

地方社会の生き残りは、多様性に懸かっている

――多様性を受け入れられるかどうかは、自治体にとっても大きなテーマのひとつです。

少子高齢化により存続が危ぶまれる自治体がある一方、人口を伸ばしている自治体もあり、成功の鍵はやはり「多様性」にあります。

例えば北海道東川町（ひがしかわちょう）は人口が増えています。なぜかと言えば多様性を受け入れられる自治体だからです。外国人の移住が多いですし、移住公務員、地域おこし協力隊と言われる期間限定の公務員を雇う取り組みも積極的に行っています。よそ者に対して寛容になれる自治体は魅力的であり、人が集まってくるんです。

――地方社会を存続させるために何が必要となるのでしょうか。

地方は都市部に比べて若い女性の流出がとても激しいです。それがさらに少子高齢化、婚姻数の減少を先鋭的に加速させてしまう。逆に女性の流入が多いのが東京です。消齢化が進んでいる東京に女性が集まってきてしまうんですね。

なぜかと言えば、「消齢化」と「消性化（ジェンダーレス化）」が進んでいる都市部は女性にとって生きやすい環境だから。都市部では女性一人で働いて暮らすことに違和感が少ないし、年代で差別されにくい。「男だから」「女だから」といった役割を押し付けられることも少ない。そのように多様性を受け入れる社会に人々は惹きつけられます。都市部はシングルや女性に限らずLGBTQの人にとっても相対的に生きやすいとの声もあります。

地方社会を存続させるためには、若い女性たちに「ここに残りたい」「ここに住みたい」と思ってもらえるかどうかが鍵だと思います。消齢化、消性化を取り込み、多様な人々を受け入れられる自治体は存続できるけれど、そうでない自治体は今後、消滅の危機に陥ってしまうのでは。日本の人口総量は減ってきているので、一人が2、3カ所の自治体に住民票を持って関係人口を増やしていくとか、そんな柔軟性も必要かもしれません。

"たまらなくこれが好き!"そんな人たちが主役となる未来へ

――消齢化が進んだ場合、日本社会・経済はどうなっていくのでしょうか。

どちらかと言うと面白くなっていくんじゃないですか。既存の価値観から自由になることさえできれば。今まで売れていたものではないものが売れるようになって、ヒットメーカーの主役が交代していくかもしれませんね。

オタクの時代だとよく言われますが、私もそんな気がしています。「これが好きでたまらない！」という熱狂的な人たちがマーケットを変えていくのでは。これからは画一的ではなく、「普通じゃない」「意外な」ものが売れるんじゃないかって考えると、ワクワクしてきませんか？（笑）

その多様性や意外性を受け入れて面白がってしまおう、みんながそんな気持ちでいられたら、日本は今よりさらに魅力的な国になっていけるのではないでしょうか。

中村奈都子／2021年4月から日本経済新聞の編集委員を務める。育児休業中を除いて20年以上、東京、大阪、名古屋で企業や消費市場を取材。2017年に創刊した「NIKKEI The STYLE」では初代編集長として富裕層市場を開拓した。現在は地域振興のための観光に関心を寄せる。消費生活アドバイザー、キャリアコンサルタント。

地域社会のキーパーソンは「ニュートラルな価値観の人」へ

一般社団法人構想日本総括ディレクター（理事）、デジタル庁参与　伊藤伸さん

次は少子高齢化が深刻化している「地域」というコミュニティについて、もう少し掘り下げて考えてみましょう。世界中で民主主義の危機が叫ばれている今、「くじ引き民主主義」という無作為抽出による住民の政治参加が注目されはじめています。それを「自分ごと化会議」という形で実施する、政策シンクタンク「構想日本」の伊藤伸さんにお話を聞きました。

「自分ごと化会議」とは、社会や政治、行政のことを「他人ごと」ではなく「自分ごと」にすることを目的として、無作為に選ばれた幅広い年代の住民が、地域社会が抱える課題について話し合い、その結果を行政に反映させる取り組みです。全国の様々な自治体で、これまでに延べ180回以上実施され、参加経験者数は約1万人を超えているそうです。

いろいろな立場や考えを持った人同士が、対話と理解を通じて政治につながる機会をつ

くってきた伊藤さんに、消齢化によって起こりつつある私たち一人ひとりとコミュニティとの結びつき、そして社会との結びつきの変化についてうかがいました。

対話を通じて、異なる年代同士は歩み寄れる

——伊藤さんがこれまでされてきた地域住民と政治との距離を近づける活動の中で、消齢化を感じるような場面はありましたか。

僕らの活動とつながる話としてまず共感したのは「すべきが減った」という部分です。「構想日本」が行っている「自分ごと化会議」では、「『べき論』をやめよう」ということをコンセプトのひとつとしてきました。対話の場で「こうすべきだ」と言ってしまうと共感が生まれなくなり、水掛け論になってしまうことが多くあるからです。この考え方に共感を持つ人は増えてきていると実感していて、生活総研が消齢化として示した時代の流れとつながっているように思います。

これまで社会課題を議論する場では価値観の対立が目立っていましたが、自分自身の考えや立場とは別に「『価値観は多様だ』という価値観」を持っている人が、徐々

に増えていると感じています。

――「『べき論』をやめよう」というコンセプトに対して、年代によって受け止め方は違うものですか。

やはり若い年代のほうが共感してくれる割合は多いように感じますが、逆に高齢者が反発するかというと、そういうことはあまり感じないですね。

日本にはまだ、「何を言うかよりも、誰が言うか」の文化が強く残っていると感じます。「若者は知識が少なくて、まだまだ未熟だ」という考えがあるから、同じ内容でも20歳が言うのと60歳が言うのとでは周りの受け取り方が違うことが多い。社会的な肩書きのある人と、そうではない人の話す内容に対してのリアクションも同様ではないかと思います。

けれども、「自分ごと化会議」で異なる年代同士が同じテーブルについて議論を重ねると、お互いに影響し合い、自然発生的に共感が生まれてきます。

若い年代は知識が少ないけれど物事をシンプルに捉えることができるので、短く簡潔に話す傾向があります。一方で大人になると知識や伝えたいことが増えて話が長くなりますし、多方面への配慮から話の焦点がぼやけることがあります。「自分ごと化会議」のはじめに、一人ひとり自己紹介をしてもらいますが、高齢の男性ほど長くなる傾向にあります。しかし、会議を重ねるにつれて、上の年代の人の話す時間が短くなってくる傾向があります。

――上の年代には、下の年代の意見やいいところを取り入れる柔軟さがあるのでしょうか。

そこまではわかりませんが、「自分ごと化会議」に参加する市民の選び方が無作為抽出であることは大きく影響していると思います。

「多様な人による対話」がカギ

従来、社会や地域の課題について住民の意見を聞く際、参加者を公募で選ぶケースが圧倒的に多いですが、どの自治体でもごく少数しか応募がなく、応募者のほとんどは高齢の男性です。さらに、例えばまちづくりの審議会にも男女共同参画の審議会にも同じ人が応募するようなことも多くあります。

僕はそのような会議でコーディネーターを務めたことが何度かありますが、公募による参加者の発言は1回目と5回目であまり変わらないことが多いです。自分の考えや発言内容が、会議での議論とは関係なくあらかじめ固まっていることが多いからだと感じています。

「自分ごと化会議」では、普段そのような場に出てこない抽選で当たった人が参加しているので、それほど強い思想を持っているわけではない人が圧倒的に多く、色々な人たちの意見やスタンスに触れることで、自分の中で変化が生まれるのです。対話とは、他者との異なった価値観の摺り合わせで、そのプロセスで価値観が変わることに喜びを感じる営みなのだと思います。

つまり、多様な人による対話こそが、質の良い結論を導き出すと言えます。若い世代はシンプルに捉えて端的に話すことができる。では、若い人だけで話をすれば良いかというと、知識が限定的なので、同年代だけの議論ではどうしても偏った結論が生まれがちです。

そう考えると望ましいのは「多様な年代から構成される対話空間」であり、無作為抽出方式の「自分ごと化会議」はその実践例と言えます。「自分ごと化会議」を実施した自治体の多くで、49歳以下が参加者の4割程度を占めていて、一般的な行政の会議と比較すると若い世代がかなり多くなっています。

——会議が進む中では、はじめは対立していた意見が段々近づくこともありますか？

例えば「子どもの遊び場」をテーマに会議を行ったことがありました。「あの公園はボールが使えないので、なんとかしたい」といった希望に対して、高齢者世代ははじめのうちはあまり共感していませんでしたが、「ボールが使えると、こういうことができる」など話が具体化していくと、高齢者世代も「それは必要じゃないか」と考えが近づいていって、「今度うちの自治会で話してみるよ」と自分にできることを提案してくれるようになりました。ちなみに私は、自分ごと化会議のコーディネーターを100回以上務めていますが、コーディネーターの重要な役割は、そのような前向きな発言を紡ぎ合わせながら、その時々で話のポイントを整理していくことです。また、会議の参加者には、社長もいるかもしれないですし、学生もいるかもしれませんが、肩書きは一切気にせず、「この対話空間の中ではみんな一緒」という気持ちでのぞんでいます。

――お話をうかがって、「自分ごと化会議」が実現している、異なる年代同士が対話を通して近づいていくあり方は、消齢化が進む未来における理想的なモデルケースだと感じました。

政治や行政の意思決定層の中には、年代による区別をする人がまだいると感じていますが、これまで地域課題の意思決定の場にはいなかったけれど、くじ引きで選ばれて会議に参加した人たちの間では、消齢化は間違いなく進んでいると思いますし、社会全体もだんだんその方向に向かっていると感じます。

――なるほど。だとしたら社会の変化に応じて、行政をつかさどる人たちの意識改革が重要になってきますね。

「自分ごと化会議」では、世間で真っ二つに意見が割れていて、会議の中でも対立が生まれそうなテーマを扱うこともあります。しかし、議論していくと、決まりきった結論を持っている人はほとんどいなくて、「少し賛成寄り」「少し反対寄り」のように、真ん中に近い人たちが中心なことがわかります。社会で目立つ、はっきりした賛成・反対の意見を言っている人はとても限られていると思いますし、その層だけの議論は、民意とは異なる可能性があると感じています。

一人ひとりと向き合い、「新しいタテ串」をつくる

――高齢化社会への対応に苦戦している地域は多いと思いますが、消齢化によってそこにどんな変化が起こると思いますか。

消齢化には「同年代内での価値観の多様化」という面がありますが、多様な価値観に応えるためには、中央政府が画一的な施策をするのではなく、個々人が住んでいる現場・自治体でさまざまな取り組みをしていかないといけません。生活総研が分析し

ている消齢化のスピードに、行政や政治はまだ追い付いていないかもしれませんが、それぞれの地域が独自に取り組む方向にあることはたしかです。

デジタル技術の大きな利点は距離の制約を解除できることですが、これは地域課題の解決にあたって追い風になります。例えば北海道の東川町では「デジタル住民票」を出しています。こうした地域の「デジタル住民」になった若者と、町に住んでいる高齢者の対話の機会が生まれることで、地域課題の解決に結びつくことが期待されます。

住居を構えた「定住人口」や、観光に来ただけの「交流人口」ではない、その地域に愛着があり何度も訪れて地域の人々と様々な形で関わるような人のことを「関係人口」と呼び、地方創生の観点で重視されています。

「関係人口」の考え方を具現化する試みとして、「構想日本」では「ふるさと住民票」というプロジェクトを進めています。現在、10自治体が採用していますが、例えば鳥取県の日野町（ひのちょう）は人口2700人程度ですが、夏まつりの時期は里帰りやその家族で10倍くらいの人が訪れます。こうした人たちに「ふるさと住民票」に登録してもらってイベントの案内を送ったり、例えば町内に住む家族が入院し自宅には誰もいないときなどに、必要な公的な書類を、自宅ではなくふるさと住民として登録している別な住所に送ることのできる制度をつくっています。

——なるほど、住んでいる場所の制約を解除して、「関係人口」になってもらうことが地域課題解決の入り口になるんですね。地域における異なる年代の交流を生む取り組みには、他にどんなものがあるでしょうか。

例えば愛知県豊明(とよあけ)市では、高齢化に伴いURの物件の空室率が増えていました。URはエレベーターがなく、高齢者が階段を上ることが大変になっていることも一因でした。そこで市とUR、そして市内にある藤田医科大学が協定を結び、URの物件に入居する学生の家賃の減免や、家財道具を若い世代に合わせて一新するなどのサポートをすることにしました。その代わり、入居した学生には自治会に入ることを義務付けました。

さらに大学と提携して、団地の空き店舗に、地域住民のための無料健康相談や体力測定を行う「ふじたまちかど保健室」をつくりました。藤田医科大学の看護師や薬剤師、ケアマネージャーなどに加えて、学生も参加し、在宅医療の学習拠点としても活用されています。学生からすると近所に住んでいるおじいちゃん、おばあちゃんからの相談にのること、サポートをすることが勉強にもなって、とてもいい循環になっています。

一昔前の世代間交流は、半ば強制的に「やりましょう」と言って進めていた気がしますが、この例のように「お互いの困っていること」や「お互いのプラスになることをうまくつなぎ合わせることができれば、満足度が高まります。そのときは「年代」という見方ではなく、できる限り個々に見ていくことが大切だというのが、現場での私の実感です。

消齢化では「個々を見ていくことの積み重ね」を大切に

——マーケティングでは、高齢の方にも若い方にもひとつのブランドや商品が売れること、複数の年代の人に「同じ価値」を与えられることを「タテ串」と呼ぶことが多いです。伊藤さんが仰る例は、年代を越えてつながった人たちの相互の協力関係をつくるにあたって、個別に見ていこうということで、一般的なマーケティング用語とは違う「タテ串」の話です。視点が変わることで消齢化の新しい語り方ができて面白いですね。消齢化の流れをチャンスに変えていくために必要なものは何だと思われますか。

消齢化が進むと自動的にみんなの満足度が高まるとは思えないところが正直あり、何かの仕掛けが必要だと感じています。その仕掛けは僕が関わってきた「対話」なのかもしれないし、「政治」なのかもしれません。

仕掛けで大切なのは、コミュニティの捉え方を変えることです。これまで行政としては、コミュニティはほぼ「地域コミュニティ」、具体的には自治会や町内会のことを指していましたが、それらは高齢化などにより加入者の減少などが進んでいます。けれども、「地域」や「年代」以外にも、趣味や習い事などいろいろな種類のコミュニティが元々存在しています。これからは、そのようなコミュニティと社会をつなげることが必要だと思います。私が知っている例としては、故郷に愛着を持っているミュージシャンや、そのファンのコミュニティと行政との意見交換から、ミュージシャンとコラボした地場商品が生まれた、という例がありました。

消齢化が進む、つまり、年代によるハードルが低くなった中で必要になる「タテ串」とは、複数の年代に画一的な価値を与えるのではなく、「Aさんという人とどううまく仕事をするか」「Bさんとどうコミュニケーションを図るか」など、個々を見ていくことの積み重ねではないかと思います。その結果としていろいろと物事が進むことになる。アプローチが多様化して大変になるかもしれませんが、それでも重要な手段だと思っています。

構想日本が行っている「自分ごと化会議」もそういった活動のひとつです。「無作為抽出で数十人に来てもらって『自分ごと化』しても、砂漠に水を撒くようなやり方じゃないか」と言われることもありますが、それでも地道に個々の人と関わる活動を続けながら、今後はどのように広げていくための仕掛けをつくれるかを模索していきたいと思っています。

伊藤伸／衆議院議員秘書、参議院議員秘書を経て、2005年4月より構想日本に参加。2009年10月から内閣府行政刷新会議事務局参事官（任期付の常勤国家公務員）として政府が実施した事業仕分けのコーディネーター等を務め、2013年2月に構想日本に帰任。2013年9月から2020年3月まで法政大学非常勤講師、2017年4月から法政大学大学院非常勤講師。2020年10月から2022年8月まで内閣府政策参与、2022年8月からはデジタル庁参与として、河野太郎大臣のサポート役を務める。

消齢化が進む中で、愛されるブランドをつくるには

株式会社arca代表、クリエイティブディレクター　辻愛沙子さん

最後は広告コミュニケーションやブランディングに関して、クリエイティブディレクターとして活躍する辻愛沙子さんにお話をうかがいました。辻さんは大学生のときに広告ビジネスの世界に飛び込み、『news zero』のコメンテーターを務めながら、現在はご自分が設立した会社で、企業の広告やブランディングからソーシャルプロジェクトまで手がけています。27歳の若きビジネスパーソン・辻さんに、ご自身が感じてきた社会の変化をうかがうと、消齢化社会における企業やブランドの変革のチャンスが見えてきました。

見えなかった差異に光が当たるようになった

――消齢化という現象について、どんな印象を持たれましたか。

私自身がここ数年、「いままでのターゲティングの常識が変わりつつあるのでは？」ということや、「年齢や性別のような『定量的』な指標のみでターゲティングするの、やめませんか？」ということを言い続けてきたので、消齢化の話はとても面白く受け取りました。

マス向けの商品でもこれまでのステレオタイプなターゲット設定からの転換が広がってきたことを一生活者の目線から感じたのは、例えばビールのCMの変化です。かつてビールのCMにキャスティングされる女性タレントは、メインターゲットとされた働く男性に対して「お疲れ様」と労ったりエールを送る役割を担うことが多く、あくまで顧客は男性中心でした。しかし、最近は女性自身がターゲットの一部を担い、ビールを自ら楽しんでいるCMが増えています。これは単に女性がビールを飲むようになってきたという時代変化による影響ではなく、これまでも存在していた女性消費者にも目が向けられるようになってきた変化なのではないかと捉えています。これまで、ビール＝中高年男性のものというステレオタイプがブランド側にも世間のイメージの中にも根強くあり、実際に存在している女性顧客がマスマーケティングの中で不可視化されていた訳です。このように年齢や性別といった旧来的なセグメントの切り方をすることで、無意識のうちにステレオタイプなターゲット像に固定化してしまうケースは少なくないように思います。

同じように、昔から日本酒やビールが好きな女性もいれば、スイーツが好きな男性だって社会には普通にいるはずですよね。しかし、一人ひとりの違いに細分化してメッセージを届けられるコミュニケーションの手法がこれまで確立されていなかったため、手段として取れる一番効果的なマーケティング手法が〝最大公約数〟的な定量でのターゲティングだった訳です。そうして届けられたステレオタイプな顧客像の外に、光が当たっていない個別のニーズが存在していた。生活者が変わったわけではなくて、メディアのあり方や、情報のインプット・アウトプットの仕方が変わり、生活者への「光の当て方」が変わったことで一人ひとりの価値観が可視化された、マス・マーケティングのセグメントの中に入っていなかった人たちが顕在化されただけなんじゃないかと思います。

――メディアの変化に伴い、生活者一人ひとりの価値観の違いが浮き彫りになったわけですね。生活者とメディアの関係はどのように変遷しているのでしょうか。

かつては、芸能人は「画面の向こうの人」で、私たちは「お茶の間の人」という感覚がありました。そういった「みんなが（画面の向こうである）同じ番組を見て、同じ情報に触れていた時代」から、少しずつ環境が変わっていき、他にも情報の選択肢が増えていった。

少し前には、読者モデル出身の芸能人や人気ショップのカリスマ店員が話題になったりと、私たちの生活圏の中からスターが生まれ、個人発でものが売れる時代が訪れました。それでもまだ「私たちの側（情報を受け取る側）から、発信する側に行く」という感覚に近かったわけです。

平成も後期に入ると、メディアのあり方がInstagram（インスタグラム）やYouTube（ユーチューブ）のようなＳＮＳに移り、メディアがさらに民主化されて情報を受け取る側と発信する側のボーダーラインがかなり曖昧になっていきました。発信する側に回ることもあれば、受け取る側になることもある。その結果、発信されるものや可視化されるニーズも人の数だけ多様化していった訳です。

現在さらに状況が変わりつつあるのを感じています。TikTok（ティックトック）でのバズは、「誰が発信者か」「誰が作ったか」が不明瞭なものも多く、個人発だった従来のＳＮＳからさらに民主化された情報の広がりが見て取れます。有名なあの人が発信したから、という文脈すら薄れつつあり、一億総発信者社会、もはや「スターが存在しない世界」になりつつあるように思います。Twitter（ツイッター）でも最近はアカウントの大小にかかわらず情報が拡散されていくことも日常化しており、「この人がやったから確実にバズる」という傾向がなくなりつつありますね。

――ＳＮＳによって情報の受け取り方や、人とのつながり方は大きく変わりました。

「Ｚ世代について教えてください」と聞かれたとき、私は「『世代』ではなく『時代』で捉えることが重要」だと常々お話ししています。触れてきた情報の違いから年代毎になんとなくの価値観の傾向はありますが、同じ年代でも価値観が合わない人は合わないし、親の年代でもバイブス（ノリや雰囲気）が合う人はいますよね。年齢はあくまでインプットしてきた情報の傾向であって、当然一人ひとり価値観も性格も違う訳です。ひとくくりにはできない。しかし、先ほどお話ししたように情報やメディアの変遷に伴って変わりうる〝時代〟を傾向として捉えることはできると思っています。

　時代の変化によって、これまでも存在していたけれど見えづらかった声が可視化されやすくなり、誰かが声をあげたときに「私もそう思う」という人同士がつながれるようになってきました。例えば「ＬＧＢＴＱは全人口の10％弱いる」と言われていても、学校のクラスの中で当事者が自分だけだったりすると「私だけが周囲と違うんだ、周りに共感できる人が誰もいない」と感じてしまうかもしれません。しかし、メディアが個人化し細分化されている現代社会では、ＳＮＳを通じて同じアイデンティティの人に出会うことができる。

「みんなこう考えてるよね」と言うときの「みんな」、別の言い方をすると「世間」という大きな主語が少しずつ解体されていき、ステレオタイプ的な姿の外にある、それぞれがもともと持っていた固有性やもともと存在していた小さな声が点として可視化され、それが線になり面として社会に〝見える化〟されるようになったことは、大きな変化だと思います。

〝古き良きもの〟と〝新しいブランディング〟の出会い

——辻さんのご興味の中で、上の年代と下の年代の価値観の差が消えていく現象を感じることはありますか？

最近アナログ回帰の流れを感じていて、例えば今、レコードが流行っていますよね。ある程度上の年代にとって、レコードは「若い頃に流行った懐かしいもの」だと思いますが、若い年代にとっては「新しいもの」です。

例えば、お父さんのレコードコレクションからレアな音源が出てきて娘が喜んだり、お母さんのタンスの肥やしになっていたブーツカットのデニムを今のギャルたちが着たりする。「もうこんなの古いんじゃないの？」とお母さんはびっくりするけれど、娘のほうは「いや、今Y2K（2000年代に流行したファッション）が来てるんだ」みたいな話をする。

このように、じつはふたつの年代はまったく違うニーズを持っていて、そのニーズの〝共通項〟にシーンの盛り上がりがあるように思います。

——若い年代が、上の年代が馴染んでいたものに逆に「新しさ」を感じるわけですね。

先日、若年層女性向けウェブメディアで陶芸の特集をやっているのを見て驚いたんですが、特にコロナ禍になって以降、若者のトレンドがかなり変わってきたと感じます。

所謂現代の若者たちは「デジタル・ネイティブ」と言われており、常に誰かとつながっているのが当たり前。さらに、スマホに聞いたら答えが返ってくるのが当たり前の環境で育ったがゆえ「既に自分の外に答えがある状態」に慣れ過ぎていて、自分の存在意義や、自分が介在する意味みたいなものを感じづらい世代とも言えるのではないかなと。

その影響からかここ数年、「Z世代」の中に「自分で焼いたお皿でご飯を食べたい」みたいな、数値化しづらい、手触り感のあるものや体験を求めるトレンドが出てきています。

例えば、お香や先にあげたレコード、クラフトコーラやスパイスカレー、苔玉などの植栽といった〝モノ〟的なトレンドもひとつですし、タフティングという1950年代から活用されているラグの製法を体験できるワークショップのブランドが人気を博していたり、昭和と平成初期に流行って今再ブームがきているサウナ、他にも金継ぎや陶芸、お茶や酒蔵廻りといった古きよき伝統的な文化を再解釈した〝コト〟的なトレンドもInstagramを中心に盛り上がっているように思います。

具体を挙げると本当に沢山あるのですが、先述したタフティングスタジオの「tufting studio KEKE」は、予約枠が解放された途端、数分で売り切れるほどの熱狂的人気を誇っており、徳島県三好市にある三好敷物のブランド「MIYOSHI RUG」とパートナーを組んでいます。その「MIYOSHI RUG」も、元々は担い手不足で工場閉鎖の危機にあった古き良き伝統産業を若者が再建し、SNSを中心に大きな人気を呼ぶ一大ブランドになっています。また、1875年から鹿児島で続く焼酎の蔵元の大山甚七商店は、伝統的な焼酎の製造を続けている一方で、「JIN7」というスタイリッシュなクラフト・ジンのシリーズを出していて、飲食店経営者やお酒好きのインフルエンサーを中心に人気を博しています。

――今挙げてもらったような若い年代にアプローチする商品やコンテンツを生み出す上で、何がポイントになるでしょうか。

昔からある製法やブランドに若い年代が出会い、「これ、イケてる」ということに気がついて、届け方を変えたのが「tufting studio KEKE」や「MIYOSHI RUG」、「JIN7」でした。同じような「古き良きものを新しいブランティングと繋げる翻訳家」の役割が今の日本には必要とされているし、そういう人が増えていくことで、面白いリバイバル・カルチャーがまだまだ開拓できるように思います。

消齢化の時代だからといって、異なる年代や人々が、完全に同じ価値観を共有するということではないと思っています。その代わり、異なる年代が伝統や製法といった部分的に共有できる価値観があって、その共通点を橋渡しに、異なる文化の違いを行ったり来たりすることで新しいカルチャーが生まれることが面白さになるはずです。

もうひとつポイントになると思うのは、「物質的なモノや権威ではない、空気感や価値観ベースでの共有」です。よく「有名人の鞄の中身」だったり「お部屋に訪問」みたいな企画がありますが、最近私が注目している「キオク的サンサク」というYouTubeチャンネルでは、アパレルで働いている人だったり美容師さんといったいわゆる「一般の方」のルームツアーに特化しています。視聴者にとって全く違う特別な世界を覗く楽しさではなく、自分と近い目線や環境にいる、ともすると友人たちのような距離感の人たちのセンスや文化を一緒に共有している楽しさがそこにはあるんです。そういった、空気感や価値観ベースで信頼できる世界観をキュレーション（収集、選別）し、たくさんストックしている「商店」のようなコンテンツが人気を集めつつあるように思います。

社会との関わりが「らしさ」を形作る

――規模の大きい企業では、どうしてもマス・マーケティングをせざるを得ないところがあります。年齢や性別によるセグメント分けが効力を失いつつあるとしたら、何に活路を見出したらいいでしょうか。

多様化時代のマーケティングは、年齢や性別といった定量的にわかりやすいセグメントでユーザー層を捉えるのではなく、一人ひとり違う個に解像度高く向き合っていかなければいけないため「難しい」と捉えられがちです。バラバラの個にブランドを届けてしまうと、ブランドとしての色やアイデンティティを構築できないのではと悩む方も少なくないように思います。しかし、多様なユーザーに向き合おうとすることは、決してブランドの「らしさ」を手放すことではありません。世界観や価値観を軸にブランドのアイデンティティ・人格をはっきりさせることで、むしろこれまで見えて来なかった客層にも届けることができるようになる。はじめにお話ししたように、これまで光が当たっていなかった顧客層にまで、結果的にマーケットを広げることができるんです。

それではブランドの「らしさ」とは何かというと、そのひとつとして「社会に対するスタンス」があると思います。先ほどの言葉で言うならば、「価値観」です。例えば化粧品やバス用品を製造・販売しているＬＵＳＨ（ラッシュ）は、自分たちの価値観を様々な手法で商品や店頭に落とし込んでいます。ギフトにも喜ばれるようなポップなデザインの一方、モノトーンのスタイリッシュなボトルの化粧水もラインナップしていて、女性だけでなくどんなジェンダーの方の洗面台にあっても違和感のないインクルーシブ（包摂的）なブランドの世界観を作っていたり。生産者や従業員を単なる匿名的な労働力としてではなく〝ひとりの人間〟として重んじる姿勢を表す為、各商品のラベルには工場で商品を作っている職員の可愛らしいイラストと名前が記載されていたり。

紙袋にはウサギのシルエットと共に「NO！ 動物実験」と大きく書いてあり、店内の全商品が動物実験を行わずに開発されたクルエルティフリーだったり。他にも、同性婚法制化の推進に向けて当事者たちをサポートする様々なアクションを行うなど、積極的に社会運動に取り組んでいます。

ＬＵＳＨのこのスタンスが好きで買う人もいれば、単に友達へのギフトでかわいいバスボムを買いたいという人もいるし、女性で自分用にニキビを治す美容液を買いたい人もいれば、男性のパートナーに化粧品を買ってあげたい人もいる。いろんな人たちが「ＬＵＳＨらしさ」のそれぞれの側面を好んで買っていて、そうした側面の掛け合わせがブランドの世界観を形作っているんです。

――商品やデザインだけでなく、社会へのスタンスもブランドの重要な要素なんですね。

日本のブランドは社会的マインドの部分が弱いことが多いですが、国際的な広告賞を見ても社会課題に対するブランドのメッセージやアクションがかなり重要視される時代になってきており、日本国内でももはや企業の社会的責任は切っても切り離せないものになりつつあります。炎上やリスクマネジメントの観点ではもちろんのこと、売り上げやＰＲの側面でも、これからのブランディングにおいて企業やブランドの〝意志〟が問われる時代になってくるのではないでしょうか。私たち「arca（アルカ）」はそういったブランドの社会的アクションを「クリエイティブアクティビズム」と題し、広告やブランドづくりの観点からのサポートを行っています。社会に対するアクションの手法は、何も個々人が行うプラカードや署名活動だけではありません。ＣＭからブランドパーパス、企業の福利厚生まで、様々な軸において企業やブランドが社会に対するメッセージングを行う入り口は存在しています。最近では「エシカル（倫理的な）就活」という言葉を耳にすることも増え、新卒が就活時に重要視する企業のポイントの上位に多様性や社会的な取り組みがランクインする調査も出ているなど、ブランド顧客だけでなくリクルートにおいても必要な目線とも言えるのではないでしょうか。

会社のブランド全体をシフトさせなくても、メインのブランドとは別に社会的メッセージを持ったラインをつくることもできます。日本の大手飲料メーカーでも、テストマーケティング的に地産地消などのメッセージを押し出したブランドを展開している例がありますし、既存の社会的意義のあるプロジェクトとの連携という形でアクションに落とし込むことも可能です。

私自身が関わった例をひとつご紹介できればと思います。「arca」が立ち上げた「Ladyknows（レディノーズ）」というジェンダーギャップの啓発プロジェクトの一環として、「Ladyknows Fes（レディノーズフェス）」という女性の健康診断のポップアップイベントを2019年に開催しました。健康診断の未受診率が高い若年層女性に向けた啓発と課題解決を掲げるこのイベントに、保険会社をはじめ女性向けのヘルスケアやフェムテックを事業領域とする様々な企業にご協賛いただきました。そしてそのご協賛金から婦人科検診の費用を捻出することで、通常個人負担で受診すると高額な検診をたった500円で受けていただける「ワンコイン・レディースドック」を実施したんです。こういった事例のように、「外部の主体の活動を支援する形で、自分たちが向き合っていく課題への意思表示をする」というのもひとつの方法になると思います。

ここ数年で、「年齢」「ジェンダー」への風向きは明らかに変わった

――大きな企業にとっては、より特化した専門性のあるベンチャーや社会的意義の高いＮＧＯ／ＮＰＯなどと連携したり支援することも社会へのアクションを行う糸口になるわけですね。辻さんご自身は若くしてビジネスの世界に飛び込み、ベンチャー企業の経営者をされています。年齢によって不利益を被るような場面はありましたか。

仕事をしてきた中で「私が30代後半の大柄な男性だったらこの人はこういう横柄な態度は取らないだろうな」と感じる場面は実際にありましたし、これまでいろいろな側面で、アイデンティティが不利に働いたり、本来必要のない自衛や気配りを行わなければいけない瞬間は少なくなかったように思います。制作の現場でディレクションしていると、まさかこんな若い人がクリエイティブディレクターだと思わず……！と悪気なく驚かれたこともありました。けれども、年齢もそうですし、特にジェンダーに関しては、ここ数年で明確に風向きが変わった感覚があります。以前は担当者が「ジェンダーの問題なんて、若い年代の女性しか関心を持ってないよ」と言っていたブランドが、ここ最近ジェンダー問題のコミュニケーションに取り組むようになっているのを見かけ、明らかな時代変化を感じました。

ある時までは「特定の人たちだけの問題」だとされてきたけれど、一人ひとりが声をあげたことをきっかけに「それは『世の中全体の課題』だよね」と社会が認識する。いつの時代も世の中はそうやって変わってきました。

私が仕事を始めた当時とは違い、最近はクリエイティブディレクターを名乗る若い人も増えてきたし、ジェンダーギャップの問題に取り組む広告業界の人も増えてきている感覚があります。「私たちのような人がいるんだ」と声をあげたり、活動していくことで、いつの間にかそういう人の存在が当たり前になるという感覚はあるので、自分自身の可能性を矮小化せずに、粛々とできることをやっていきたいです。

――いろいろな場所に辻さんのような人が現れて、活躍してきたことで、日本も少しずつ変わってきているんですね。

逆に若者側も、自分たちのバイアスに気がつくことは大切ですよね。ご高齢の方とお話しするときに、つい頭から「Twitter っていうのはね……」みたいな同年代にはしない説明をしてしまいそうになることがあります。けれども考えてみれば、私たちの年代でうまく使いこなせてない人もいるし、逆に使いこなしているご高齢の方もいる。「上の年代の人はどうせわからないだろう」と思ってしまうところが若者側にもどこかあるので、どちら側のバイアスも取っ払っていく必要がありますよね。世代間はあくまで対立構造ではなく、年齢というひとつの違う側面でしかない訳なので。

そういった意味でも、対立ではなく連帯がこれから先のキーワードになっていくように思います。先ほど例に挙げた、伝統的なものづくりと革新的なブランディングのコラボレーションや大企業とベンチャーのコラボレーションもそうですし、年代間や異業種間など、本来異なる主語同士が越境して新しいものをつくっていくことに、消齢化の時代の可能性を感じています。

辻愛沙子／1995年生まれ。社会派クリエイティブを掲げ、「思想と社会性のある事業作り」と「世界観に拘る作品作り」のふたつを軸として、広告から商品プロデュースまで領域を問わず手がける越境クリエイター。2019年11月より報道番組「news zero」のレギュラーコメンテーター。独自の世界観の表現を通して、若い女性を中心としたトレンド・カルチャーを創っている。

「消齢化」で語ってみませんか

いかがでしたか？　５人の有識者のお話には、ビジネスのヒントとなるような視点がたくさんありましたね。世の中の変化を敏感に捉えている有識者のみなさんが消齢化をポジティブに捉え、消齢化の先の明るい未来を語ってくださったことも、とても印象的でした。

同時に私たちが驚いたのは、これまでそれぞれの領域で感じてきたこれだけのトピックが、「消齢化」という言葉ひとつで結びついたことです。もしかしたら、この本を読んでいるあなたの興味・関心のあることも、「消齢化」という言葉を使って語ってみると、また違った表情が見えてくるかもしれません。

長い間「少子高齢化社会」に悩まされてきた日本社会で、それでも明るい方を向いてきた人たちの考えが「消齢化」という言葉のもとに集まり、たくさんの人に届く。この章が、その橋渡しとなれば幸いです。

終章　発想転換のための８つのヒント

未来に向けて、どう消齢化と向き合うか？

消齢化に対して「ポジティブに機会を見出そう！」と言われても、「じゃあどうすれば……？」という気持ちになる方もいらっしゃるかもしれません。

消齢化を機会と捉え、かつ現状を変える推進力として活用するために、どんな発想に立てばよいのか、何に留意すればよいのか。

本章では、消齢化を今に生かす発想転換のための「８つのヒント」をお届けします。私たち生活総研として「消齢化をこんなふうに考え、活用してみてはどうでしょう」というポイントを、８つにまとめてみました。

もちろん業界の状況、事業者の状況は千差万別ですし、そこに対して個別具体的にどうこう、ということまではお伝えできませんが、「自分たちの状況に当てはめたらどうなるかな？」など考えてみるひとつのきっかけとして、参考にしていただければ幸いです。

【発想転換のヒント1】人口減少×消齢化で社会を捉えてみよう

日本社会の将来を見通すにあたり、かねてより「人口減少」にはスポットが当たっていました。マクロデータで実数として把握でき、国力や経済力にも直結する人口動態はとかく注目を集めがちです。ただご存じの通り、日本の人口動態から明るい話題が提供されることは少なく、「出生数が過去最低を更新した」「高齢化率が30％に到達しそう……」と、縮みゆく国の暗い先行きを示すものがほとんどです。

しかし今回そこに、消齢化という潮流を加味することで、また違う社会の姿が映し出されることがわかりました。人口減少を社会の〝量的〟な変化と捉えるならば、消齢化はいわば社会の〝質的〟な変化だといえるでしょう。量的にみれば「少子高齢化」が進んでいる日本ですが、質的にみれば、「失われた30年を共有して、近い価値観を持つ大人たちがたくさんいる社会」であるともいえそうです。

これからの日本を単純に「高齢者の数の多さ、子どもの少なさ」だけで見ていると、何か見誤ることが出てくるかもしれません。量と質、両面の視点からこの先の社会を俯瞰すること。そして、その社会をどんなふうに新たに見立てることができるのかを考えること。人口減少という悲観的な見通しも、視点を変えれば大きなチャンスになり得るのです。

【発想転換のヒント2】「近づく」ではなく「消えていく」と捉えてみよう

第2章で見てきたように、消齢化は複数の変化の掛け合わせによって起こっている現象であり、年齢による違いが小さくなっている裏には、様々な要因が関係しています。「ひとつの原因↓ひとつの現象」という具合に、シンプルな事象として把握できればよいのですが、なかなかそう簡単にはいかないのも確かです。ただ、だからといって消齢化の持つ一面だけを単純に捉えて「シニアがどんどん若々しくなっている」、あるいは「若者がどんどん成熟化している」という具合に理解してしまうと、これまで言われてきたこととそこまで大きく変わらず、発想の広がりも限られたものになってしまいます（もちろん、それが間違っているというわけではありません）。

そこでオススメしたいのが、消齢化という字が示す通り、色々な年齢の生活者が「近づく」というのではなくて、生活者の年齢そのものが「消えていく」というふうに考えてみる方法。いわば「年齢ニュートラル」発想というわけです。生活者が若くなる、老成する……というのではなく、年齢から解き放たれた生活者たちの姿、年齢という概念が無効化した社会のありようをイメージしてみると、また新たな発想の広がりにつながっていくのではないでしょうか。

【発想転換のヒント3】「高齢」を「消齢」に置き換えてみよう

日本が高齢化の道を辿り出したのは、１９７０年頃に遡ります。なんと今から50年前です。そこから考えると私たちは半世紀もの長きにわたって、延々と「高齢化」という言葉を浴びながら生きてきたわけです。もはや「高齢化」とは、日本社会にとっての空気のような存在なのかもしれません。

私たちの思考に深く根を張る高齢化によって、発想に縛りがかからないようにするために、ちょっと安直ですが、むりやり言葉を置き換えてしまうという方法があります。「高齢」ないしは「高齢化」を冠するキーワードを、「消齢」や「消齢化」に転換してみましょう。「高齢化社会↓消齢化社会」をはじめとして、「高齢世帯↓消齢世帯」、「元気な高齢者↓元気な消齢者」、「高齢化マーケティング↓消齢化マーケティング」……という具合です。

不思議なもので、言葉が一文字変わるだけでも、そこから受け取る印象はだいぶ違ったものになってきます。ノートやホワイトボードに色々と書き出してみて、それを起点に自分や周囲の仲間と一緒にアイデアを膨らませてみるのも、ひとつのやり方かもしれません。

【発想転換のヒント4】デモグラを疑ってみよう

ここまで繰り返しお伝えしてきた通り、社会がこの先も消齢化に向かうことによって、生活者を年代で括って捉えることの有効性は、残念ながらどんどん薄れていきます。先述した「デモグラ離れ」の進行です。

生活者のデモグラフィック属性をもとに何かを語ったり、分析をしたりすることは、フレームとしては非常にわかりやすく、納得度も得やすいアプローチでした。しかしこの先、その便利さにとらわれるほど、生活者のことがますますみえなくなっていくとするならば、どこかで慣れ親しんだフレームから思い切って脱却することも必要になってくるのではないでしょうか。完全に捨て去らないまでも、一度視点を「脱デモグラ」することによって、むしろ本当に有効なデモグラとの向きあい方がみえてくるかもしれません。

たとえば「とりあえず年代別に分析しよう」とほとんど無自覚に、なんとなくで生活者分析や顧客ターゲットの設定をやっていたとしたら、その行動は見直してみてもよいかもしれません。マーケティングの初動を変える必要性が出てきそうです。

あるいは、自社製品がターゲットにしている特定の年代だけを深く分析して、固有のインサイトを見つけたつもりでいても、俯瞰してみたら実は、他の年代にも通用するものになっていた……ということも起きているかもしれません。さらに言ってしまえば、この先は「Z世代」や「α世代」などの世代分析も、今ほどは有効でなくなる可能性も大いにあると言えるでしょう。

これからは、ある特定の年代を掘り下げて「違い」を探求するよりも、年代を広く捉えて「同じ」を探すアプローチが有効な場合もありそうです。そんな視点で、皆さんがお持ちの生活者データを見直してみてはいかがでしょうか？

再集計してみると、そこには新しい発見があるかもしれません。

【発想転換のヒント5】年齢によるバイアスに気をつけよう

消齢化は主に生活者の内面の意識や好み、価値観の側面で生じているものなので、顔や体格などの見た目には、当然ながら「若者」や「高齢者」と一見してわかる状況がまだ続いています。それゆえ私たちは見た目の印象に引っ張られ、どうしても内面の消齢化を見落としがちです。年齢による先入観を捨てきれずに生活者を見てしまっていることに、まずは自覚的になる必要があるでしょう。

第2章で紹介した各年代の衣服の写真は、顔を隠して服だけを見たのではもはや誰がどの年代なのかわからない、というものでした。徹底することは難しいですが、なるべく年齢によるバイアスを排して、リアルな生活者像に触れることが、この先さらに重要になってくるのではないでしょうか。

さらに視野を社会に向けると、「年齢」ありきで、最初から「人」を排除してしまっている業界や市場、あるいは制度などはないでしょうか？　今まで疑ってこなかった有形無形の年齢制限や年齢にまつわるルールがあるならば、それを一度取り払って考えてみることで、ブレイクスルーのヒントが見つかるかもしれません。

【発想転換のヒント6】消齢化≠同質化に留意しよう

消齢化についてお話をする際に受ける誤解のひとつに、生活者全体が金太郎飴のように「同質化」ないし「均質化」しているのだと捉えられることがよくあります。ややこしいのですが、もちろんそれは違います。

第2章でご紹介した消齢化のパターンのうち、上昇収束型（全年代の数値が増加しながら収束していく）と下降収束型（全年代の数値が減少しながら収束していく）だけに焦点を当てれば、確かに同質化の傾向を示しているとも言えるでしょう。しかしながら消齢化には中央収束型のパターンもあり、その場合は50％など微妙な数値で、生活者の意識が分かれることになります。「賛成の人・反対の人」、「好む人・好まない人」、「やる人・やらない人」などの違いは厳然としてあり、それが年齢に紐づかなくなった、と理解することが大事です。

加えて、年齢による違いが小さくなっても、同じ年齢層の中で意識や好みの多様化が進んでいる、というケースも生じています。

これまでのようにデモグラ属性だけで生活者を見ることに限界が来つつあるのは確かですが、「大きな同じ」がどのような部分で形成されているのか、また、「同じ」の先にどんな「小さな違い」があるのかなどを掘り下げて考えることが、生活者理解を一歩先に進めることになるでしょう。

【発想転換のヒント7】次に〝消える〟ものに着目しよう

消齢化は「年齢」に着目した生活者の変化ですが、たとえばこれを、「性別」に置き換えて考えるとどうでしょうか。

ファッションや化粧品など消費の面は言わずもがな、仕事や結婚など生き方の面でも、男女の違いは昨今ますます小さくなっています。それは男女の「ジェンダーレス化」であり、あえて言えば「消性化」ということになるでしょう。

また本書では詳しく触れることができませんでしたが、「生活定点」以外の様々な時系列データを見ると、食の嗜好や世帯の就労状況などをはじめ、地域による違いが小さくなっていることを示すデータも少なくありません。これもいわば「消域化」を感じさせる動きです。

性別や年齢、地域という主要なデモグラ属性において、「違いが小さくなっている」という変化が起きているのは、果たしてたまたまなのでしょうか。それとも何か、関連するものがあるのでしょうか。

ここで大事なのは、違いが小さくなっている他の側面もあるのではないか？　と着目すること。多少当てずっぽうなところがあってもまったく構いません。次の「消○化」の動きを大胆に予測し、アンテナを張りながら日々過ごすことで、消齢化とはまた別の未来の可能性に気がつくことができるはずです。

【発想転換のヒント8】新たなモノサシを探してみよう

私たちは消齢化のインパクトを伝えるために「さよなら、デモグラ。」というキャッチフレーズを用いています。

いままでデモグラフィック属性に基づいてマーケティングを行ってきたビジネスパーソンにとってはちょっと刺激的な言葉ですが、〝消齢化がさらに進んで、この先はデモグラ属性の説明力が弱まっていく〟ということを端的に伝えるための表現として使用しています。

このときに、ひとつ論点として意識する必要があるのは「デモグラ属性の説明力が弱まっていくならば、何が生活者の実態を捉えるための〝モノサシ〟たりうるのか？」という問いです。去りゆくデモグラに代わって、いったい何が「こんにちは」するのだろう、ということです。

それは所得・学歴といったソシオグラフィックな属性でしょうか？　あるいは、価値観・信念といったサイコグラフィックな属性なのでしょうか。

かくいう私たち生活総研も、「年齢にとって代わる次のモノサシは何か？」という新たな問いに対して、様々なアプローチで探究を進めています。その一環が、消齢化現象を発見した「生活定点」のデータの様々な属性による分析です。その属性による回答傾向の違いが大きくなっているもの、つまり年齢とは逆に、生活者のモノサシとして説明力が高まっているものはないか探しているのです。

まず、ヒント7でも触れている性別や地域といった年齢以外のデモグラ属性は、年齢ほどではないにせよ徐々にそれによる回答傾向の違いが小さくなっている項目が多いことが確認できています。

だとするとやはり、所得レベルや学歴、有職無職といった社会的なステータスによる違いが大きくなっているのか、それはそれで世知辛いな……、そう思われた方もいるかもしれません。確かに、年齢などデモグラ属性の説明力が弱まった分、相対的には所得レベルや学歴などのソシオグラフィック属性の存在感が増している、と言えなくはありません。しかし、以前に比べ所得や学歴による違いそのものが大きくなっている、モノサシとしての説明力が増しているかといえば、そうでもないようなのです（少なくとも「生活定点」の時系列データ上では）。

さらに言えば、経済的ゆとりや時間的ゆとりといった主観的な余裕の有無、あるいは「運が大事か、努力が大事か」、「将来に向け蓄えるか、今をエンジョイするか」といった人生観についても、それによる回答傾向の違いはむしろ小さくなっていました。

このように、これまで生活者のモノサシとして私たちが重要だと思っていた属性の多くが、説明力を減退させるか、以前と同程度の説明力を維持するのがやっと、という状況でした。言い方を変えると、これまで絶対的なモノサシだった年齢などのデモグラ属性の力が大きく弱まる一方で、それに取って代わる別の絶対的なモノサシが現れているわけではないのです。デモグラ属性もソシオグラフィック属性もサイコグラフィック属性も、様々なモノサシの力が同水準に並ぶ、群雄割拠状態ということもできます。

そして、現在我々が注目しているのはそんな群雄割拠の一翼に新たに割って入ろうとしている一部のサイコグラフィックな属性です。しかもそれは、人生観のような大きな価値観ではありません。むしろ、これまで生活者の重要なモノサシとは全く思われてこなかったこと、労働や教育に関するスタンスや日本という国に誇りを持つか、といったことをモノサシとして設定すると、なぜか以前に比べて回答傾向の違いが非常に大きくなっているのです。

これは果たしてどういうことなのか。我々がまだ気づけていない背景因子が隠れているのか、あるいは漠然とした大きな価値観ではなく、具体的な生活シーンそれぞれでの態度や好みの持ち方こそが、消齢化社会において生活者を分かつものなのかもしれません。研究の続報は今後も発信していきますので、ぜひご期待ください。

おわりに　消齢化発想で、新市場創造を。

「消齢化社会」という研究を通じて、私たちが伝えたかったこと。
それは、「人口減少」や「高齢化」という大きな課題に直面していても、社会や生活者を捉え直し、新たな活路を見出すチャンスは、どこかに、常にあるのだということです。

とかく暗い話題になってしまいがちな少子高齢化社会・日本。ですが今回ご紹介した消齢化の視点と、みなさん一人ひとりが持つ想像力・創造力とが相まって、未来の日本を元気にする新市場創造につながれば、これほど嬉しいことはありません。
手前味噌ながら、最後の最後にもうひとつだけ。

生活総研では本書のほか、最新の消齢化研究をごらんいただけるポータルサイト「消齢化lab.」を公開しています。本書でご紹介しきれなかった「生活定点」のデータをはじめ、消齢化に関する様々な情報をご覧いただけます。本書を読んで、消齢化についてさらに知

りたい、考えてみたいと思われた方は、ぜひ本ページ末に載せたQRコードから、一度アクセスしていただければ幸いです。

ここまで読み進めていただき、どうもありがとうございました。

生活総研では今後も様々な研究活動を通じて、皆さまのお仕事や学究のお役に立てるよう、発想を刺激する情報発信に努めてまいります。

今後の活動に、どうぞご注目ください。

博報堂生活総合研究所
ポータルサイト「消齢化lab.」

参考文献

◆見田宗介『現代社会はどこに向かうか―高原の見晴らしを切り開くこと』(岩波新書、2018年)

◆NHK放送文化研究所『現代日本人の意識構造』第6版、第9版(NHK出版、2004年、2020年)

◆荒牧央『45年で日本人はどう変わったか　第10回「日本人の意識」調査から』(NHK放送文化研究所『放送研究と調査』、2019年)

◆高橋幸市『男女間および年層間における意識差の変動状況～「日本人の意識」調査の結果から～』(『NHK放送文化研究所年報』、2011年)

◆松田久一『「嫌消費」世代の研究―経済を揺るがす「欲しがらない」若者たち』(東洋経済新報社、2009年)

◆松田久一『ジェネレーショノミクス　経済は世代交代で動く』(東洋経済新報社、2013年)

◆池田謙一『日本人の考え方　世界の人の考え方　世界価値観調査から見えるもの』(勁草書房、2016年)

◆池田謙一『「日本人」は変化しているのか　価値観・ソーシャルネットワーク・民主主義』(勁草書房、2018年)

◆ロナルド・イングルハート『文化的進化論　人びとの価値観と行動が世界をつくりかえる』(勁草書房、2019年)

◆熊代亨『健康的で清潔で、道徳的な秩序ある社会の不自由さについて』(イースト・プレス、2020年)

◆橋本健二『〈格差〉と〈階級〉の戦後史』(河出新書、2020年)

◆成田悠輔『22世紀の民主主義:選挙はアルゴリズムになり、政治家はネコになる』(SB新書、2022年)

◆大竹文雄『世代と価値観の経済学』(家計経済研究所『季刊家計経済研究』、2014年)

◆山根一眞『スーパー書斎の遊戯術』(文藝春秋、1988年)

◆吉川徹、狭間諒多朗『分断社会の若者と今』(大阪大学出版会、2019年)

◆常見陽平、おおたとしまさ『アラフォー男子の憂鬱』(日本経済新聞出版、2013年)

◆伊藤伸『あなたも当たるかもしれない「くじ引き民主主義」の時代へ―「自分ごと化会議」のすすめ』(朝陽会、2021年)

◆三浦瑠麗『日本の分断　私たちの民主主義の未来について』(文春新書、2021年)

◆野村総合研究所 松下東子、林裕之、日戸浩之『日本の消費者は何を考えているのか?二極化時代のマーケティング』(東洋経済新報社、2019年)

◆野村総合研究所『生活者1万人アンケート(9回目)にみる日本人の価値観・消費行動の変化―コロナ禍で、日本の生活者はどう変化したか―』(2021年)

◆野村総合研究所『価値観の変化とマーケティング』(『知的資産創造』、2019年)

◆JMR生活総合研究所『消費社会白書2022　コロナからの、KAITOU』(2021年)

◆東京大学、電通総研『世界価値観調査2010　日本結果速報　日本の時系列変化1981年～2010年結果より』(2011年)

◆九学会連合地域文化の均質化編集委員会『地域文化の均質化』(平凡社、1994年)

◆総務省『未来をつかむTECH戦略』(2018年)
◆文部科学省『令和2年版　科学技術白書』(2020年)
◆科学技術・学術政策研究所『第11回科学技術予測調査S&T foresight 2019 総合報告書』(2019年)
◆ソーシャルVR国勢調査2021(2021年)
https://drive.google.com/file/d/1FKzZxOjjrc1BumKASBmWyWssp72nrfxH/view

図版制作　株式会社アトリエ・プラン

博報堂生活総合研究所

博報堂の企業哲学「生活者発想」を具現化するために1981年に設立されたシンクタンク。人間を、単なる消費者としてではなく「生活する主体」という意味で捉え、その意識と行動を研究している。1992年から続く長期時系列調査「生活定点」のデータをもとに「消齢化社会」を提唱。近年では、デジタル空間上のビッグデータをエスノグラフィ（生活現場の観察やインタビューを伴う調査手法）の視点で分析する「デジノグラフィ」も推進中。

消齢化社会
年齢による違いが消えていく！
生き方、社会、ビジネスの未来予測

二〇二三年八月一二日　第一刷発行

インターナショナル新書一二九

著　者　博報堂生活総合研究所
発行者　岩瀬 朗
発行所　株式会社 集英社インターナショナル
〒一〇一-〇〇六四 東京都千代田区神田猿楽町一-五-一八
電話 〇三-五二一一-二六三〇
発売所　株式会社 集英社
〒一〇一-八〇五〇 東京都千代田区一ツ橋二-五-一〇
電話 〇三-三二三〇-六〇八〇（読者係）
〇三-三二三〇-六三九三（販売部）書店専用
装　幀　アルビレオ
印刷所　大日本印刷株式会社
製本所　加藤製本株式会社

ISBN978-4-7976-8129-1　C0236
定価はカバーに表示してあります。

インターナショナル新書

125

50歳からの学び直し入門

週刊東洋経済編集部 編

定年消滅時代、今後も長く働き続けることが求められる40〜50代。そのために必要なのは、「リスキリング」か「リカレント」か？『週刊東洋経済』の特集「学び直し全ガイド」（22年10月22日号）を新書化。

126

プーチンの復讐と第三次世界大戦序曲

舛添要一

ロシアのウクライナ侵攻により、核兵器使用の脅威が高まっている。果たして、第三次世界大戦は起こってしまうのか。プーチンという政治家の作法、さらにウクライナ戦争の背景が理解できる決定版の一冊。

127

未来を語る人

ジャレド・ダイアモンドほか
大野和基・編

地球温暖化、感染爆発、国際紛争、そして格差拡大…。世界を覆う難題を解決するのは、資本主義の大改革か、新たなコミュニズムか。いま世界で最も注目されている8人の学者に、資本主義の行方と日本の進路を訊く。

128

全国水害地名をゆく

谷川彰英

近年増加している集中豪雨や台風による被害。そこで地名ハンターの著者が、水にちなむ全国の地名を現地調査。水と闘い、共生してきた人々のエピソードを交えながら、その地名の本当の由来や変遷を探る。